旬野菜とだしで作る
からだにやさしい
日本のスープ

# すりながしのレシピ

長島 博

誠文堂新光社

# はじめに

すりながしは、野菜や魚介などの食材をだしでのばした、日本の伝統料理です。以前は、食材をすり鉢ですったあとに漉《こ》し器で漉して作っていたので、みそ汁やすまし汁と比べると手間暇がかかる、贅沢なものでした。けれど今は、ミキサーやハンドブレンダーなどを使えば、あっというまに作ることができます。本書では、こうした便利な道具を使ってすりながしを手軽に作り、現代の食卓に取り入れることを提案しています。

ここで紹介するすりながしは、日常のスープにふさわしい、汁と具が一体化したシンプルなものです。汁と一体化しているので、昨今よく耳にする不足しがちな野菜を簡単にたくさん摂取することができます。また、食材をペースト状にしてだしでのばすというすりながしの手法が、野菜のうまみを凝縮させます。味わったことのない野菜の濃厚な味にきっと驚かれるでしょう。

すりながしで、食材自体のおいしさ、それを引き出すだしの力を改めて感じていただければと思います。そして皆さんの健康に役立てていただければ幸いです。

長島 博

# 伝統的なすりながし

呉汁。大豆を水に浸してすりつぶしたものを「呉（ご）」といい、呉をみそ汁に入れたものが呉汁です。呉汁の由来は未詳ですが、日本各地で郷土料理として食されています。食材をすりつぶして作った汁という意味では、すりながしの原型ともいえるでしょう。

料亭や割烹などで会席料理の中の椀物（漆器のお椀で出す料理）として提供される、すりながし。汁と椀種（椀の主役になる具）、吸い口（香りのアクセント）の要素から成り立ちます。

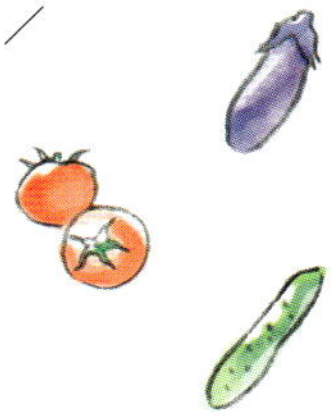



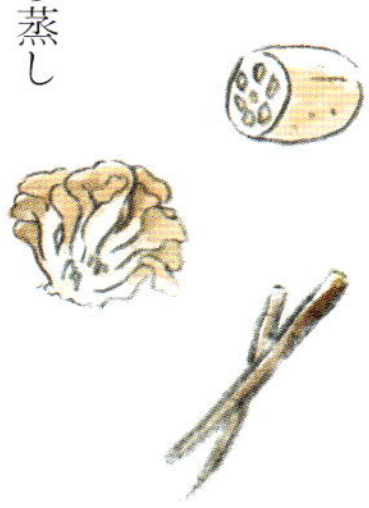



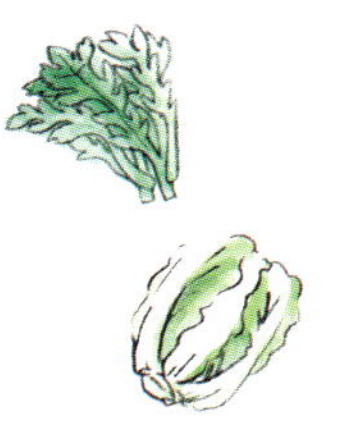

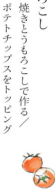

# 多彩なすりながしを楽しむ

## 本書の決まりごと

- しょうゆは、特に表記がないものは、濃口しょうゆを使用しています。
- みそは、塩分約14%の米みそを使用しています。
- 塩ゆでは、お湯の量に対して0.2%の塩を入れてゆでてください。
- すりながしでは、塩をだし＋具材の全体量の0.8%を使用しています（2人分のすりながしの全体量400gに対しては3.2g≒小さじ1/2）。
- 水溶き片栗粉は、片栗粉と同量程度の水で溶いてください。
- 電子レンジは500Wを使用しています（メーカーによって異なるので調整してください）。

# すりながしの魅力

## 1 だしのうまみが素材を引き立てる

昆布だしや一番だし、煮干しだしが素材のうまみを引き立ててくれます。乳製品を加えないため、素材そのものが持つうまみをしっかりと感じられるのです。

## 2 旬野菜がたっぷりとれる

旬の野菜は安く手に入って、しかもおいしい。本書のレシピは、だしと野菜の重量比が１：１（水分量の多い野菜を除く）と濃厚。一人当たり１００ｇ分の野菜をとることができます。

## 3 野菜ペーストの作りおきで時短調理

ミキサーにかけてペースト状にした野菜を冷凍保存しておけば、だしで割るだけですぐに食べられます。すりながしだけでなく、野菜ペーストを使ったおかずも楽しめます。

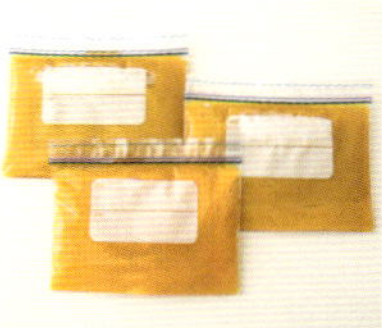

## 4 野菜をまるごと食べられる

キャベツの芯やブロッコリーの茎など、かたい部分もミキサーにかければ難なく食べられるので、野菜の栄養分をまるごととることができます。

## 5 魚介や豆腐などさまざまな素材で作れる

野菜だけでなく、魚介や海藻、豆腐、乾物、果物などあらゆる素材で作ることができます。バラエティ豊かな味を楽しめ、たんぱく質やミネラルの摂取にも役立ちます。

## 6 シンプルだから味のアレンジが自在

一つの素材から作るシンプルなスープだからこそ、他の素材のペーストを混ぜたり、具を入れたり、オリーブ油やスパイス、香味野菜などを加えてアレンジの幅を広げられます。

## 7 トッピングの楽しみ

一つの素材を汁とトッピングに分けて作っても食感の違いを楽しめますが、薬味やスパイスを加えるとより風味豊かになります。切り方や盛りつけを工夫すると見た目の楽しさも演出できます。

# すりながしを作る

すりながしは、ご家庭にある道具と材料で簡単に作れます。基本的な作り方をここで確認しましょう。

すりながしのおいしさの鍵であるだしは、ぜひご家庭で。このひと手間でうまみが格段にアップします。素材の下ごしらえやだしとの組み合わせ方によって味わいが変化するので、いろいろと試してみましょう。

## すりながし作りにあると便利な道具

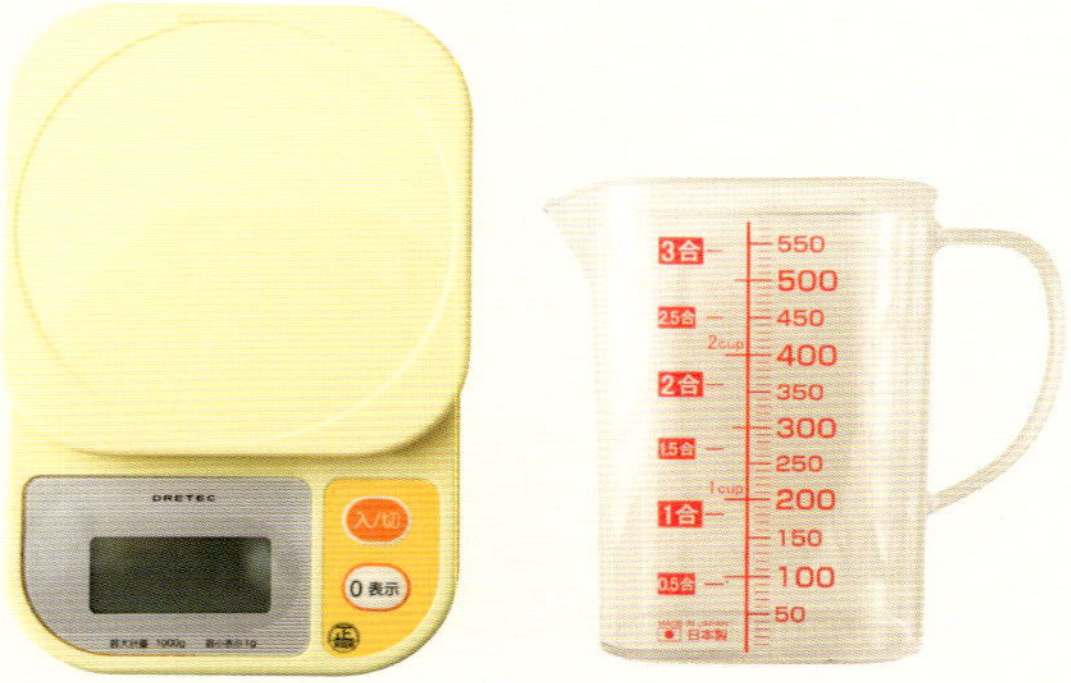


### キッチンスケールと計量カップ

ほとんどの野菜のすりながしは、野菜：だしの比率を1：1で紹介しています。慣れるまでは計量して作ると失敗が少ないです。作り続けていくうちにお好みの比率がわかってきますので、アレンジしてみましょう。

### ゴムべら

野菜ペーストを袋や容器に移すときに、鍋底やミキサーの隅々までくまなくすくい取れるゴムべらがあると便利。耐熱性の高いゴムべらは、鍋で温めているときも使えるのでおすすめです。

## ミキサー

すりながしや野菜ペーストをまとめて作りたいときはミキサーがあると簡単に大量に作れます。

## ハンドブレンダー

少量作るなら手軽なハンドブレンダーがおすすめ。そのまま鍋に入れて使えるので、洗いものが少量で済みます。

## 冷凍用保存袋や容器

作りおきしておく際に使います。1回に使う分量ごとに分けて冷凍すると便利です。袋の場合は薄く平らに入れると、冷凍も解凍も早く行えます。容器の場合は、冷凍するとペーストのかさが増えるので、入れる量は容器の8割程度までにしておきましょう。

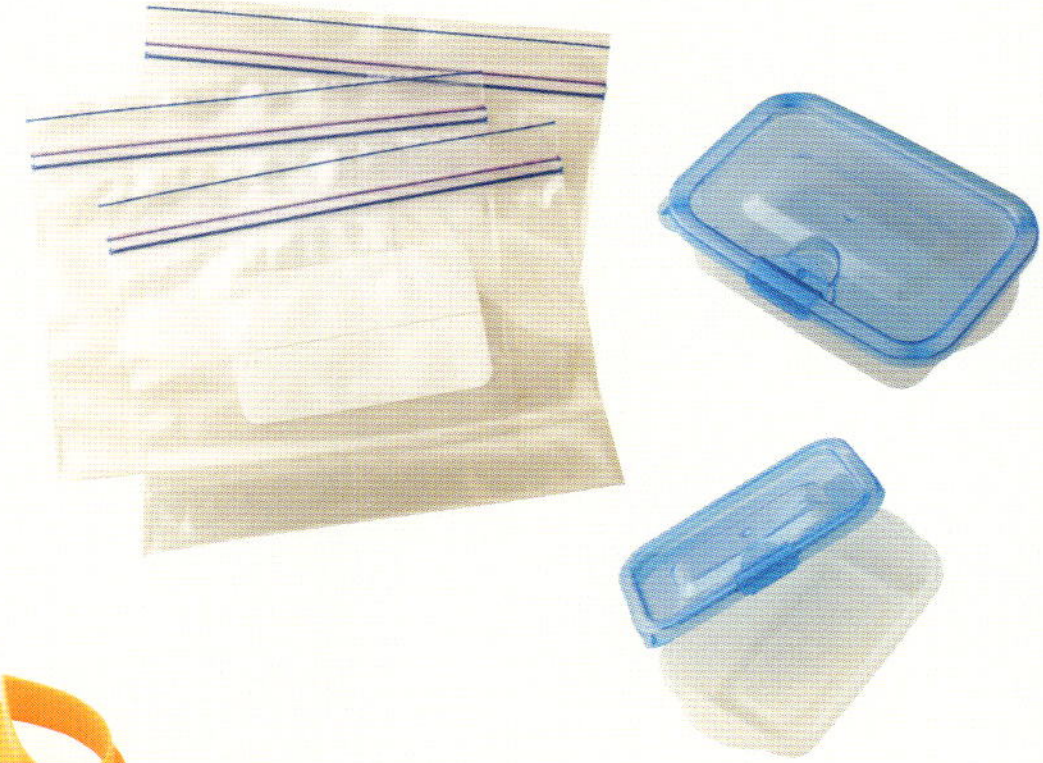

## 抜き型

抜き型があると、簡単に季節感を演出できます。見栄えのするトッピングが簡単にできるので、お好みのもので楽しみましょう。

# 基本のすりながしの作り方

かぼちゃ（62ページ参照）を例に基本のすりながしの作り方を紹介します。野菜によって、ハンドブレンダーをかける前の下ごしらえや、だしの種類は異なりますが、基本的な手順は同じです。だしを入れる際に、やわらかい野菜は一度に全量を、かぼちゃのようにかたい野菜は、だしを何回かに分けて入れてハンドブレンダーにかけましょう。

## かぼちゃのすりながし

**材料（2人分）**

かぼちゃ…1/6個（200g）
一番だし（p.18参照）…200mℓ
塩…小さじ1/2
みそ…小さじ1
水溶き片栗粉…適量
［**トッピング**］
ゆで小豆…10 g
黒ごま…適量

1

かぼちゃの皮をむき、一口大に切る。

2

電子レンジに5～6分かける。

**[野菜の下ごしらえ→ p.22]**

**3**

2、一番だし、塩を入れ、ハンドブレンダーにかける。

**4**

みそを加える。

**5**

混ぜ合わせて味をととのえる。

**6**

鍋を中火にかけ、水溶き片栗粉を加えて混ぜ、とろみをつける。

**[とろみづけ→ p.23]**

**7**

6を器に入れ、ゆで小豆と黒ごまをあしらう。

**[具・トッピング→ p.24]**

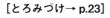

# 昆布だし

昆布だしは上品で癖がなく、どんな素材でもその味を引き立ててくれます。魚介や肉はもとより、野菜やいも、豆などあらゆる素材と合う万能だしです。かつおだしや煮干しだしと合わせるといっそうおいしくなります。

昆布を水につけてひと晩おくだけでもだしがとれますが、煮出すとより濃いだしがとれます。昆布だしのうまみ成分であるグルタミン酸は、70℃以上の高温になると濁ってくる性質があるので、沸騰させないように火加減に気をつけながらじっくりと昆布を煮出しましょう。

**材料**

水１ℓに対し

昆布…10 〜 15g

※昆布は料理用の早煮昆布ではなく、だし用の昆布を使う。中でも真昆布は、上品な甘みを持った澄んだだしがとれる。

# 昆布だしのとり方

## ○ 煮出し法

昆布を分量の水に1時間以上つける。

弱めの中火にかけ、10分ほど煮出す。

昆布の縁から小さな気泡が出てきたら昆布を取り出すタイミング。

火を止めて昆布を取り出す。

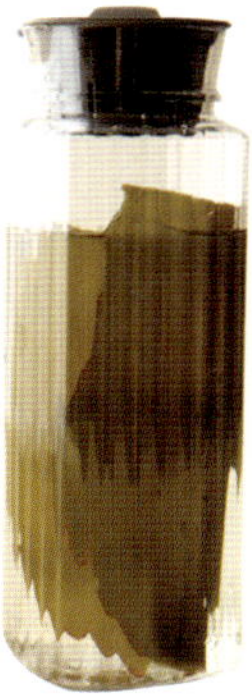

## ○ 水出し法

ポットなどに昆布と分量の水を入れ、冷蔵庫でひと晩おく。長くおくとぬめりが出るので、早めに昆布を取り出す。

# 「一番だし」

昆布とかつお節でとる合わせだしです。昆布のうまみ成分のグルタミン酸とかつお節のうまみ成分のイノシン酸の相乗効果で、奥行きのある味わいが生まれます。一番だしは豊かな香りと上品な味で、昆布だしと同様にさまざまな素材と合います。昆布だしよりもだしの存在感を出したいときに使います。

一番だしをとった後の昆布とかつお節に新しいかつお節を足してとっただしを「二番だし」といい、みそ汁や煮物に向いています。

**材料**

水1ℓに対し

昆布…10 ～ 15g

かつお節…20g

# 一番だしのとり方

**1**

p.17 の **1** ～ **3** の手順で昆布だしをとる。昆布を取り出し、鍋底から気泡が出てくるまで加熱する。

**2**

かつお節を一気に入れ、火を止める。

**3**

かつお節が沈むまで静かにおく。

**4**

アクが出てきたら取り除く。

**5**

すぐにキッチンペーパーを敷いたざるでこす。

**ポイント**

鍋にかつお節を入れたら雑味が出ないように、自然に沈むまで触れずにおきます。浮いてくる場合は箸で静かに押さえる程度にしましょう。

# 煮干しだし

煮干しのうまみ成分はかつお節と同じイノシン酸です。魚そのものの味が前面に出た濃厚な味わいが特徴で、だしの味をしっかり出したいときに使います。

　煮干しの原料として最もよく知られているのが、かたくちいわしやその稚魚のいりこです。あご（とびうお）の煮干しは九州、山陰から山形までの日本海側でよく使われます。その地域の煮干しを生かしたいものです。

　だしをとるときは、魚の生臭さが残らないように、弱火でゆっくり煮出し、丁寧にアクを取りましょう。

**材料**

水１ℓに対し

煮干し…40g

# 煮干しだしのとり方

### ○ 煮出し法

だしに渋みが出ないように、1尾ずつ頭と腹わたを取り除く。

**1**を水に30分ほどつける。鍋に入れ、強めの中火にかける。

沸騰してアクが出てきたら取り除く。

弱火にしてアクを取りながら2〜3分煮出す。

アクが出なくなったら、キッチンペーパーを敷いたざるでこす。

### ○ 水出し法

煮干しを水の中に入れ、冷蔵庫で数時間おく。

# 野菜の下ごしらえ

すりながしは、野菜の下ごしらえによって色みや味わいが大きく異なってきます。素材の特徴を知って、それに合った下ごしらえをしましょう。

野菜ですりながしを作る場合、塩ゆで、炒める、蒸す、生のまますするの4つが基本的な下ごしらえです。野菜によってはこれ以外の独自の方法もあります。旬野菜のすりながしのページでは、複数の方法を紹介している野菜もあります。同じ野菜でも下ごしらえによって味や食感の異なるすりながしができますので、ぜひ試してみてください。

**塩ゆで**

最も一般的な方法。アスパラガス、グリーンピース、枝豆、葉物野菜やかぶ、長ねぎ、きのこ類など。

**蒸す（レンジにかける）**

塩ゆでするると水分が出てしまう野菜に向く。とうもろこし、新玉ねぎ、いも類、かぼちゃなど。

**炒める**

ズッキーニ、ごぼう、パプリカなど。

**生のまますする**

大和いも、里いも、れんこんなど。

# 素材とだしの組み合わせ方

昆布だしはどんな素材とも合いますが、だしのうまみをより前面に出したいときには、一番だしや煮干しだしを使いましょう。

　昆布だしのうまみ成分は植物性のグルタミン酸ですので、動物性のうまみ成分であるイノシン酸を含む素材と合わせると相乗効果でうまみが増します。一方、かつお節のうまみ成分を含む一番だしは、うまみの弱い葉野菜や、大豆が原料の豆腐など、植物性の素材と組み合わせます。

　寒い季節には体がこってりした味を欲するので、煮干しだしを使うとおいしく感じられます。

**昆布だし**
うまみのある野菜や、きのこ類、魚介類と組み合わせる。

**一番だし**
うまみの弱い野菜と組み合わせる。昆布だしと同様に万能選手でよりうまみがあるため、本書では最も多く使用している。

**煮干しだし**
冬野菜と合う。パンチのあるうまみを出したいときに使う。

# とろみづけ

すりながしは、口当たりをなめらかにするためにとろみづけをします。でんぷん質を含む片栗粉やじゃがいもをすり入れることで、とろみを出すことができます。

　本書で紹介するのは野菜をたっぷり使った濃厚なすりながしのため、野菜だけで十分とろみのあるものもあります。お好みで調整しましょう。

**片栗粉**

**じゃがいものすりおろし**

# 具

汁だけでもおいしくいただけますが、具を入れるとボリュームが出て、アクセントにもなるので、より満足のいく一皿になります。下に紹介する以外にも、桜えび、釜揚げしらす、白玉、もちなど、お好みの具を試してみましょう。

**ベーコン**
さっと焼いても、カリカリに焼いても。

**スライスチーズ**
チーズせんべい（p.77参照）や小さく切って使う。

**かにかまぼこ**
細かく裂くと華やかなトッピングに。

**油揚げ**
三味線のバチの形に切ると見た目のアクセントになる。

**ビーフン**
汁に合わせてゆでたり、揚げてアクセントにしたり。

**はんぺん**
そのままでも、焼き目を入れて香ばしくしても。

トッピングで味や香りにアクセントを

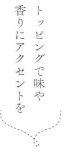

# トッピング

本来すりながしには「吸い口」と呼ばれる、香りの高い薬味や季節のものを添えます。本書では吸い口の枠を超えて、スパイスやオリーブ油、ラー油など、エスニック風や洋風、中華風に変化が楽しめるトッピングも紹介しています。あしらい方で見た目の楽しさ、美しさも演出できます。

ゆずの皮

しょうが

わさび

黒ごま

溶きがらし

木の芽

ピンクペッパー

梅肉

七味

# 野菜ペーストの作り方

野菜ペーストはまとめて作って小分けに冷凍しておくと、食べる直前に必要な分の野菜ペーストをだしと合わせて加熱するだけで、すりながしができます。

野菜ペーストは、野菜100gに対してだし25㎖を目安に加えてミキサーやハンドブレンダーにかけましょう。野菜ペーストを活用してさまざまなおかずも作ることができます。

## かぼちゃのペースト

**材料（2人×3食分）**

かぼちゃ…1/2個（600g）

一番だし（p.18参照）…150㎖

1

一口大に切ったかぼちゃを電子レンジに15〜18分かける。

2

**1**と一番だしをミキサーにかけてなめらかにする。

3

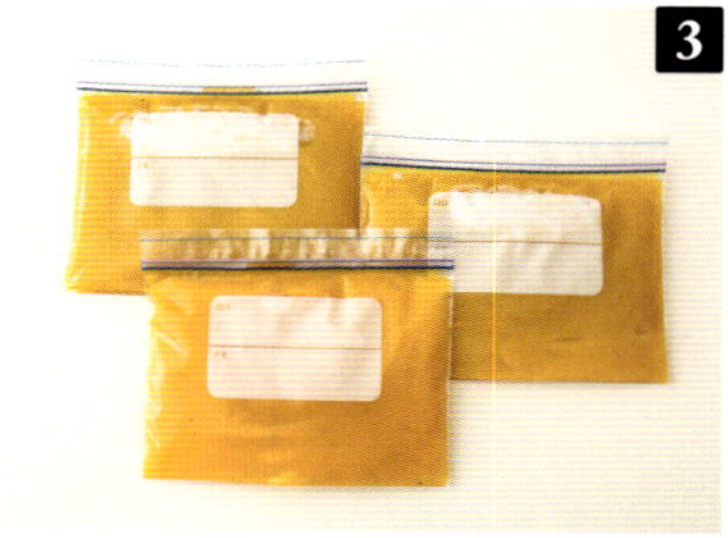

1食分（2人分で250g）ずつに小分けして、冷凍する。

# 野菜ペーストから すりながしを作る

冷凍しておいた野菜ペーストをそのまま鍋に入れてだしでのばせば、数分ですりながしを作ることができます。
野菜ペーストを作る際に加えただしの量を差し引いた分量のだしでのばし、すりながしにします。

**材料（2人分）**

かぼちゃのペースト（p.26参照）…250g
一番だし（p.18参照）…150mℓ
塩…小さじ1/2
みそ…小さじ1
水溶き片栗粉…適量

水溶き片栗粉以外の全ての材料を鍋に入れて中火にかけ、煮溶かす。

水溶き片栗粉を加えて混ぜ、とろみをつける。

コラム

**1**

# パリに見る日本のだしの魅力

「Dashi」という言葉は、パリのシェフたちにとって、もはや共通言語となっていて驚く。長いこと、だしに潜むUMAMIの存在については議論が続いていたが、舌の味蕾《みらい》には、甘み、酸み、塩み、苦みに反応する味覚受容体に加え、うまみ成分の一つであるグルタミン酸に反応する受容体も存在することが明らかになったためだ。以降、Dashiは世界的に注目されるようになった。日本サイドでは、海外の有名シェフたちに来日を促し、UMAMIを教える取り組みも始まった。フランスの３ツ星「アストランス」のシェフ、パスカル・バルボーなども学んでいる。

パリ２ツ星「ル・クラランス」のシェフ、クリストフ・プレ氏も日本の食材や調味料を愛し、Dashi使いがうまいことでも知られている。店のオーナーは、ボルドー地方銘醸ワイン「シャトー・オー・ブリオン」を所有するルクセンブルク大公国公子。「フランスのブイヨンに対して、Dashiの味わいは非常に繊細でピュア。その印象に対して、UMAMIはもとより複合的な味わいを内包しているのも魅力です」とプレ氏。プレ氏は昆布とかつお節でDashiをひく。ハーブや柑橘系の香りなどをきかせても、かち合うことなく、その香りを包み込むようにしてくれる。さらに、冷製、温製いずれにしても、さまざまなニュアンスが生まれる、と無限の可能性を見出して自由に取り込んでいる。イカのフライやフォアグラ、キャビアにDashiのブイヨンという組み合わせなど。「Dashiは、私の料理を構築してくれた存在です」とプレ氏は締めくくる。

MOF（フランス最高職人章）を取得する料理人エリック・トロション氏も、フォアグラをDashiのブイヨンでサービスする。フォアグラの脂身をさっぱりと包み込んで引き立てるパフォーマンスはDashiにしかなし得ないと言う。トロション氏は、ブルターニュ地方コンカルノ市のかつお節工場にも出向いている。2016年に鹿児島県枕崎水産加工業協同組合とかつお節関連会社が出資して設立した工場で、質の良いかつお節がフランスでも手に入るようになったのは、シェフたちにとって朗報だった。ますますDashiへの希求は加速していきそうだ。

（DOMA主宰・フードジャーナリスト・伊藤文）

# 旬野菜のすりながし

# 春

## 菜の花

春の気配を真っ先に告げてくれる野菜で、かすかな花の香りとほろ苦さが持ち味です。だしと合わせることで、ほろ苦さがおいしさに変わります。定番のおひたしだけでなく、すりながしやつけ汁にして、春先の食卓に取り入れましょう。トッピングには、春が最盛期の釜揚げしらすと、相性のよいチーズをあしらいました。

菜の花うどんのつけ汁は、温かくても冷たくてもおいしくいただけます。

# 菜の花のすりながし

**材料（2人分）**

菜の花…1束（200g）
一番だし（p.18参照）…200mℓ
塩…小さじ1/2
みそ…小さじ2
水溶き片栗粉…適量
［**トッピング**］
釜揚げしらす…10g
スライスチーズ…1/4枚

**作り方**

1. 菜の花は根元のかたい部分を切り落とす。さっと塩ゆでし、5㎝長さに切る。
2. **1**、一番だし、塩をハンドブレンダーにかけ、みそを加えて味をととのえる。鍋に入れて中火にかけ、水溶き片栗粉でとろみをつける。
3. スライスチーズでチーズせんべいを作る（p.77参照）。**2**を器に入れ、釜揚げしらすとチーズせんべいをあしらう。

ペーストを使ってもう一品

## 菜の花うどん

**材料（2人分）**

A
菜の花のペースト（p.26参照）…60g
一番だし…240mℓ
しょうゆ…60mℓ
みりん…60mℓ

うどん…2玉

**作り方**

1. **A**を合わせて中火にかける。沸騰直前に火を止めて冷まし、器に入れる。
2. うどんはゆでて素早く冷水にとり、器に盛る。うどんを**1**につけていただく。

# たけのこ

春先のたけのこの香りを堪能できる贅沢な一品です。鮮度が落ちないうちに買ったその日にアク抜きをしましょう。穂先はトッピングにすると、食感のよいアクセントに。市販のゆでたけのこでも同様に作れます。

## たけのこのすりながし

**材料（2人分）**

たけのこ
…1/2本（200g）
米ぬか…適量
鷹の爪…１本
一番だし（p.18参照）
…200mℓ
塩…小さじ1/2
みそ…小さじ1
水溶き片栗粉…適量
［**トッピング**］
木の芽…適量

**作り方**

**1** たけのこは米ぬかと鷹の爪を入れた湯で竹串がささるかたさまでゆでる。火を止めて冷めるまでそのままおき（この間にアクが抜ける〈鍋止め〉）、水にさらす※。穂先と根元に分け、穂先は縦に薄切りにし、トッピング用に分けておく。根元は縦に４等分に切る。

**2** **1**の根元、一番だし、塩をハンドブレンダーにかけ、みそを加えて味をととのえる。鍋に入れて中火にかけ、水溶き片栗粉でとろみをつける。

**3** **2**を器に入れ、**1**のたけのこの穂先と木の芽をあしらう。

※水にさらしたたけのこをさらに昆布だしか二番だしでゆでると、水っぽさとえぐみが取れる。

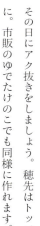

# 新じゃが

春先の新じゃがは、やわらかさを生かし、ブレンダーを十分にかけて、舌触りをなめらかに仕上げます。ほくほくした秋冬のじゃがいもは、噛む感触を楽しむために、ブレンダーを軽くかけて粗く仕上げるとよいでしょう。

## 新じゃがのすりながし

**材料（2人分）**

新じゃが…3個（200g）
一番だし（p.18参照）…200mℓ
塩…小さじ1/2
みそ…小さじ1
水溶き片栗粉…適量
**［トッピング］**
万能ねぎ（薄く斜め切り）…適量
黒こしょう…適量

**作り方**

**1** 新じゃがは電子レンジに4分〜4分半かけ、やわらかくする。熱いうちに皮をむき、半分に切る。

**2** **1**、一番だし、塩をハンドブレンダーにかけ、みそを加えて味をととのえる。鍋に入れて中火にかけ、水溶き片栗粉でとろみをつける。

**3** **2**を器に入れ、万能ねぎと黒こしょうをあしらう。

# アスパラガス

ここではゆでていますが、焼くと、とうもろこしのような味わいが楽しめます。温製でも冷製でもみずみずしさが感じられるアスパラガスのすりながしは、食欲のないときにもおすすめです。冷製にする場合は、冷凍保存したアスパラガスのペーストを半解凍し、だしでのばしてシャーベット状に仕立てると、しゃきっとした食感を楽しめます。

ベーコンは具にするときはさっと焼いて。カリカリに焼いたベーコンのトッピングは、うまみと食感がアクセントになり、さまざまなすりながしにおすすめです。

# アスパラガスのすりながし

**材料（2人分）**

アスパラガス…10本（200g）
一番だし（p.18参照）…200mℓ
塩…小さじ1/2
みそ…小さじ1
水溶き片栗粉…適量

［**具**］
ベーコン（角切り）…20g
［**トッピング**］
ピンクペッパー…適量

**作り方**

1. アスパラガスは根元のかたい部分をピーラーまたは包丁で除く。2分ほど塩ゆでし、5cm長さに切る。
2. **1**、一番だし、塩をハンドブレンダーにかけ、みそを加えて味をととのえる。鍋に入れて中火にかけ、水溶き片栗粉でとろみをつける。
3. フライパンになたね油を少量（分量外）ひいてベーコンを軽く炒める。**2**とベーコンを器に入れ、ピンクペッパーをあしらう。

## すりながしをアレンジ

### カリカリベーコンをトッピング

フライパンになたね油（少量）をひいて弱火にかけ、細切りにしたベーコン（20g）をカリカリになるまで炒め、アスパラガスのすりながしの上にあしらう。

### 冷製に仕立てる

アスパラガスのすりながしを器に入れ、冷蔵庫で約1時間冷やす。アスパラガスの穂先（2本分）と薄く輪切りにした新玉ねぎ（4枚）をあしらう。

# 新玉ねぎ

新たまねぎは、他の野菜に類がないほどの甘みがあります。春先のものは特に甘みが強いので、生のままか、軽く蒸す程度で十分。オーブンで焼いて加熱すると、より一層甘くなります。水分を多く含んでいるので、だしの量を減らしてもスープ状になります。

秋冬の玉ねぎは、新玉ねぎほど甘くないので、しっかりゆでるか、焼いて甘みを引き出してあげましょう。

オリーブ油やバルサミコ酢をトッピングすると、洋風のすりながしが楽しめます。

# 新玉ねぎのすりながし

**材料（2人分）**

新玉ねぎ…1+1/2個（300g）
一番だし（p.18参照）…100mℓ
塩…小さじ1/2
みそ…小さじ1
水溶き片栗粉…適量
［**トッピング**］
ベーコン（細切り）…10g
パセリ（みじん切り）…適量

**作り方**

**1** 新玉ねぎは上下を落として皮をむく。蒸し器で15分蒸し、4等分に切る。

**2** **1**、一番だし、塩をハンドブレンダーにかけ、みそを加えて味をととのえる。鍋に入れて中火にかけ、水溶き片栗粉でとろみをつける。

**3** フライパンになたね油を少量（分量外）ひいて弱火にかけ、ベーコンをカリカリになるまで炒める。**2**を器に入れ、ベーコンとパセリをあしらう。

## すりながしをアレンジ

**焼いた新玉ねぎで作る**

新玉ねぎをアルミ箔に包んで160℃に熱したオーブンに入れて20分ほど加熱し、4等分に切る。新玉ねぎのすりながしの作り方**2**以降を参照して作る。

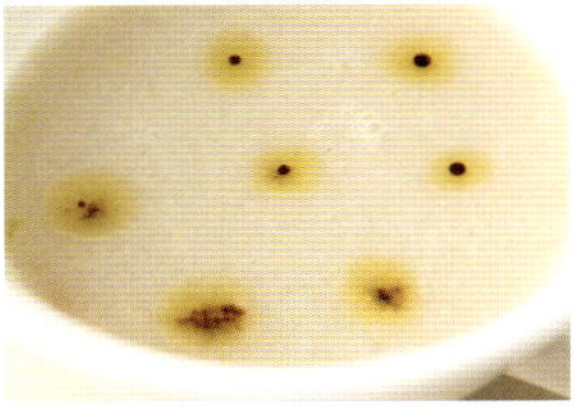

**オリーブ油とバルサミコ酢をトッピング**

新玉ねぎのすりながしにオリーブ油を数滴垂らし、その上にバルサミコ酢を1滴ずつ垂らす。

# グリーンピース

和名では実えんどうと呼ばれ、生のものは、春から初夏の限られた時期にしかお目にかかれない旬野菜として愛でられています。料理の彩りに使われることが多いですが、すりながしにすると、驚くほど豆の香りがします。

色を鮮やかに出すために、塩と重曹をまぶしてから塩ゆでします。白玉団子のうすい和えは、グリーンピースの鮮やかな色と春の豆の香りを白玉団子にまとわせて楽しむ一品。

# グリーンピースのすりながし

**材料（2人分）**

グリーンピース…200g
塩、重曹…各適量
一番だし（p.18参照）…200mℓ
塩…小さじ1/2
みそ…小さじ1
水溶き片栗粉……適量
［**トッピング**］
かにかまぼこ（細くほぐす）…2本
しょうが（おろす）…適量

**作り方**

**1** グリーンピースは塩と重曹をまぶして数分おき、そのまま塩ゆでする。

**2** **1**、一番だし、塩をハンドブレンダーにかけ、みそを加えて味をととのえる。鍋に入れて中火にかけ、水溶き片栗粉でとろみをつける。

**3** **2** を器に入れ、かにかまぼことしょうがをあしらう。

## ペーストを使ってもう一品

### 白玉団子のうすい和え

**材料（2人分）**

グリーンピースのペースト（p.26参照）…50g
砂糖…10g
白玉粉…50g
昆布だし（p.16参照）…50mℓ弱

**作り方**

**1** グリーンピースのペーストに砂糖を混ぜ、和え衣を作る。

**2** ボウルに白玉粉を入れ、昆布だしを少しずつ加えてのばす。耳たぶほどのかたさにし、小さく丸めてゆでる。

**3** **2** を **1** で和え、器に盛る。

# 春キャベツ

春キャベツならではのみずみずしさを生かすため、さっとゆでて使います。一番だしでのばすか、昆布で押してグルタミン酸のうまみ成分を加えてうまみを引き立てましょう。春キャベツは、ぜひ芯から青い葉のところまで全てを使ってください。野菜を丸ごと無駄なく使えるのも、すりながしのいいところです。

目にやさしいパステルグリーンの汁には春の海の幸である桜えびをトッピング。塩昆布をトッピングすると、うまみと塩みが加わります。

# 春キャベツのすりながし

**材料（2人分）**

春キャベツ…1/6個（200g）
一番だし（p.18参照）…200mℓ
塩…小さじ1/2
みそ…小さじ1
水溶き片栗粉…適量
**［トッピング］**
桜えび…適量
溶きがらし（練りがらしで代用可）…適量

**作り方**

**1** 春キャベツはざく切りにし、塩ゆでする。
**2** **1**、一番だし、塩をハンドブレンダーにかけ、みそを加えて味をととのえる。鍋に入れて中火にかけ、水溶き片栗粉でとろみをつける。
**3** **2**を器に入れ、桜えびと溶きがらしをあしらう。

## すりながしをアレンジ

**昆布で押した春キャベツで作る**

昆布だしをとった後の昆布（30g）で塩ゆでした春キャベツを挟み、重しをのせて1時間ほどおく。昆布を取り除き、春キャベツのすりながしの作り方を参照し、一番だしを昆布だしに換えて作る。

**塩昆布をトッピング**

春キャベツのすりながしに塩昆布（市販品、適量）をあしらう。

# とうもろこし

鮮やかな色で夏らしさを感じさせる、とうもろこし。糖質を多く含み、ジュースのように濃厚な甘さのすりながしができます。粒が残るように軽くブレンダーをかけるか、全てペースト状にするかはお好みで。焼くと、甘みと香りが一層立ちます。

トッピングには、ポップコーンやポテトチップスなどのスナックも手軽でおすすめです。ポテトチップスは、塩みや食感がアクセントになり、さまざまなすりながしに合います。

夏

# とうもろこしのすりながし

**材料（2人分）**

とうもろこし…1本（200g）
昆布だし（p.16参照）…200mℓ
塩…小さじ1/2
みそ…小さじ1
水溶き片栗粉…適量

［**トッピング**］
ポップコーン…適量
ピンクペッパー…適量
チャービル…適量

**作り方**

1. とうもろこしは皮をむいて蒸し器で10分ほど蒸し、粒を包丁でこそげ落とす。
2. **1**、昆布だし、塩をハンドブレンダーにかけ、みそを加えて味をととのえる。鍋に入れて中火にかけ、水溶き片栗粉でとろみをつける。
3. **2**を器に入れ、ポップコーン、ピンクペッパー、チャービルをあしらう。

## すりながしをアレンジ

**焼きとうもろこしで作る**

とうもろこしは皮をむいて蒸し器で10分ほど蒸す。しょうゆ（適量）を刷毛で塗り、熱したフライパンで焼き色をつけ、とうもろこしのすりながしの作り方**2**以降を参照して作る。

**ポテトチップスをトッピング**

ポテトチップス（適量）を大きめに砕き、とうもろこしのすりながしにあしらう。

# 枝豆

大豆の未熟豆である枝豆は、夏のすりながしに使われる代表的な素材です。ここでは、昆布だしで作っていますが、一番だしを使ってもよいでしょう。さやからはずす際に薄皮まで取り除くとおいしく仕上がります。冷製でもどうぞ。

枝豆をすりつぶしたものは「ずんだ」ともいわれ、東北地方南部の郷土料理に使われています。ずんだもちがよく知られていますが、ここでは田楽仕立てにしました。

# 枝豆のすりながし

**材料（2人分）**

枝豆…200g
昆布だし（p.16参照）…200㎖
塩…小さじ1/2
みそ…小さじ1
水溶き片栗粉…適量

［**具**］
白玉粉…20g
昆布だし（p.16参照）…20㎖弱
［**トッピング**］
溶きがらし（練りがらしで代用可）…適量

**作り方**

**1** 枝豆をボウルに入れて塩もみする。5分ほどおいてから塩をつけたままゆで、さやから外し、薄皮をむく。

**2** **1**、昆布だし、塩をハンドブレンダーにかけ、みそを加えて味をととのえる。鍋に入れて中火にかけ、水溶き片栗粉でとろみをつける。

**3** ボウルに白玉粉を入れ、昆布だしを少しずつ加えてのばす。耳たぶほどのかたさにし、小さく丸めてゆでる。器に**2**と白玉を入れ、溶きがらしをあしらう。

## ずんだを使った一品

### 豆腐のずんだ田楽

**材料（2人分）**

枝豆…40g
一番だし（p.18参照）…大さじ2/3
塩…少々
砂糖…10g
木綿豆腐…1/4丁

**作り方**

**1** 枝豆を塩ゆでして、さやから外し、薄皮をむく。

**2** 枝豆、一番だし、塩を軽くブレンダーにかける。中火にかけ、水分を飛ばす。冷めたら砂糖を混ぜる。

**3** 木綿豆腐を2等分に切って器に盛り、**1**をのせる。

# きゅうり

青々とした風味と、ウリ系の香りがただよう、夏らしいすりながしです。きゅうりの臭みが気になる方は、薄く種を取りましょう。トッピングにいくらやほたて、うになどの魚介類を使えば、ごちそうに早変わり。冷製に仕立てるのもおすすめです。

## きゅうりのすりながし

**材料（2人分）**

きゅうり…3本（300g）
昆布だし（p.16参照）…100mℓ
塩…小さじ1/2
みそ…小さじ1
［**トッピング**］
スライスチーズ（1cm角に切る）
…1/5枚
ピンクペッパー…適量

**作り方**

1. きゅうりは皮に塩（分量外）をまぶしてまな板でこする。熱湯にさっとくぐらせて鮮やかな色を出し、3cm長さに切る。
2. **1**、昆布だし、塩をハンドブレンダーにかけ、みそを加えて味をととのえる。
3. **2**を器に入れ、スライスチーズとピンクペッパーをあしらう。

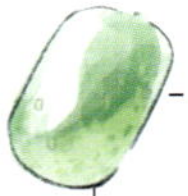

# 冬瓜

冬の瓜と書くので冬の野菜のようですが、夏に旬を迎えます。味が淡白で、だしが浸み込みやすいので、一番だしのうまみがストレートに感じられる上品な味わいのすりながしができます。緑の表皮は型抜きしてトッピングに生かします。

## 冬瓜のすりながし

**材料（2人分）**

冬瓜…1/10個（200g）
塩、重曹…各適量
一番だし（p.18参照）
　…200mℓ
塩…小さじ1/2
みそ…小さじ1
水溶き片栗粉…適量
［**トッピング**］
かにかまぼこ
　（細くほぐす）…適量

**作り方**

1. 冬瓜の皮と実を切り分け、種とわたを取る。表皮の内側のかたい部分は取り除く。実は4㎝角に切り、10分ほどゆでる。
2. 表皮に塩と重曹をこすりつけ、10分ほどなじませる。型で抜き、やわらかくなるまでゆでる。
3. **1**の実、一番だし、塩をハンドブレンダーにかけ、みそを加えて味をととのえる。鍋に入れて中火にかけ、水溶き片栗粉でとろみをつける。
4. **3**を器に入れ、**2**とかにかまぼこをあしらう。

# トマト

うまみ成分であるグルタミン酸が豊富で、トマトでだしがとれるほどです。加熱するとさらにうまみがアップします。片栗粉を使ってとろみを出すことで、トマトジュースのような瑞々しさにこくが加わり、すりながしならではのなめらかな喉ごしを楽しめます。

トマトのクラッシュゼリーは、トマトの甘みだけでなく、さわやかな酸みのおいしさを再発見させてくれる一品です。

# トマトのすりながし

**材料（2人分）**

トマト…1+1/2個（300g）
昆布だし（p.16参照）…100mℓ
塩…小さじ1/2
みそ…小さじ1
水溶き片栗粉…適量
［**トッピング**］
玉ねぎ（みじん切り）…適量
チャービル…適量

**作り方**

1. トマトはへたを取って蒸し器で10分ほど蒸し、皮をむく。
2. **1**、昆布だし、塩をハンドブレンダーにかけ、みそを加えて味をととのえる。鍋に入れて中火にかけ、水溶き片栗粉でとろみをつける。
3. **2**を器に入れ、玉ねぎとチャービルをあしらう。

## すりながしを使ってもう一品

### トマトのクラッシュゼリー

**材料（2人分）**

トマトのすりながし
（手順**2**まで調理したもの）
…250g
トマトジュース…50mℓ
パールアガー…20g
ミント…適量

**作り方**

1. トマトのすりながしにトマトジュースを加えて弱火にかけ、パールアガーを入れて泡立て器でよくかき混ぜる。
2. **1**をバットに流し入れ、冷蔵庫で冷やす。ある程度固まったらフォークなどで砕くか、ビニール袋に入れて手でもみ、クラッシュゼリーにする。器に盛り、ミントをあしらう。

# オクラ

刻むと生じる独特の粘りと、ざっくりした歯ごたえが持ち味のオクラ。食感よくゆでるコツは、がくのかたい部分をむき取ること、うぶ毛を取ること、ゆでるときに実の中にお湯が入らないようにすることです。塩もみは色を鮮やかにする効果もあります。ねばねばした食材同士の山いもと梅肉の酸味が加わり、夏にぴったりのすりながしです。

スタミナたっぷりのオクラのペーストを使った変わり冷や汁を飲んで暑さを一蹴しましょう。

# オクラのすりながし

**材料（2人分）**

オクラ…20本（200g）
一番だし（p.18参照）…200mℓ
塩…小さじ1/2
みそ…小さじ1
水溶き片栗粉…適量
**［トッピング］**
山いも（すりおろす）…20g
梅肉…適量

**作り方**

**1** オクラはがくのかたい部分をくるりとむき、塩もみする。塩をつけたまま1分ほどゆで、縦半分に切って種を取る。

**2** **1**、一番だし、塩をハンドブレンダーにかけ、みそを加えて味をととのえる。鍋に入れて中火にかけ、水溶き片栗粉でとろみをつける。

**3** **2**を器に入れ、山いもと梅肉をあしらう。

ペーストを使ってもう一品

## 変わり冷や汁

**材料（2人分）**

オクラのペースト（p.26参照）… 300g
きゅうり…1本（100g）
みそ…大さじ1/2
**［トッピング］**
みょうが…1個（15g）
金ごま…適量

**作り方**

**1** きゅうりは小口切りにし、みょうがは縦に切り込みを入れてから小口切りにする。

**2** オクラのペーストに**1**のきゅうりとみそを混ぜて包丁の刃元でよくたたき、粘りを出す。

**3** **2**を器に盛り、金ごまと**1**のみょうがをのせる。

# ズッキーニ

見た目はきゅうりに似ていますが、かぼちゃの仲間で、イタリア語で「小さなかぼちゃ」を意味します。淡白な味ながら特有のうまみがあり、みずみずしい食感が持ち味です。皮をむいたり種を取る必要がなく、両端を切り落とすだけで使えるのもうれしい点。油と大変相性がよく、炒めるとうまみがぐんと増します。

　トッピングは、ズッキーニと油の相性のよさを生かして、オリーブ油をたらすだけで、洋風のスープになります。

# ズッキーニのすりながし

**材料（2人分）**

ズッキーニ（緑・黄）…各1/2本（計200g）
昆布だし（p.16参照）…200㎖
塩…小さじ1/2
みそ…小さじ1
水溶き片栗粉…適量
なたね油…適量
**［トッピング］**
油揚げ…1/2枚
溶きがらし（練りがらしで代用可）…適量

**作り方**

**1** ズッキーニは3cm幅に切る。フライパンになたね油をひいてズッキーニを弱火でじっくりと焼く。

**2** **1**、昆布だし、塩をハンドブレンダーにかけ、みそを加えて味をととのえる。鍋に入れて中火にかけ、水溶き片栗粉でとろみをつける。

**3** 油揚げは焼き網で焼き、三味線のバチ型に6等分に切る。**2**を器に入れ、油揚げと溶きがらしをあしらう。

## すりながしをアレンジ

**焼いたズッキーニをトッピング**

ズッキーニ（適量）を輪切りにし、なたね油（適量）をひいたフライパンで炒める。ズッキーニのすりながしにトッピングする。

**オリーブ油をトッピング**

オリーブ油（適量）をズッキーニのすりながしの上にまわしかける。

# パプリカ

3色のカラフルな色を楽しむ、すりながし。緑色のパプリカは、ピーマンで代用できます。火を入れると甘みが増し、さわやかな甘みのすりながしに。みょうがやしょうがなどの香味野菜をトッピングすると、さわやかさがいっそう引き立ちます。

## パプリカのすりながし

**材料（2人分）**

パプリカ（赤・黄・緑）
…各1/2個（計200g）
一番だし（p.18参照）…200mℓ
塩…小さじ1/2
みそ…小さじ1
水溶き片栗粉…適量
［**トッピング**］
みょうが（薄く輪切り）…適量
しょうが（5mm角に切る）…適量

**作り方**

1. パプリカはがくと種を取り除き、魚焼きグリルで真っ黒になるまで焼く。皮をむいて2cm角に切る。
2. **1**、一番だし、塩をハンドブレンダーにかけ、みそを加えて味をととのえる。鍋に入れて中火にかけ、水溶き片栗粉でとろみをつける。
3. **2**を器に入れ、みょうがとしょうがをあしらう。

# 大和いも

喉ごしがよく疲労回復・滋養強壮の効果のある山いもの冷製のすりながしは、夏にぴったりです。独特の粘りを持つ山いもの中でもねばりが強く上品な甘みを持つのが、大和いもです。粘り気が少なめで淡白な味わいを好む方は、長いもでどうぞ。

## 大和いものすりながし

**材料（2人分）**

大和いも…1個（200g）
一番だし（p.18参照）…200mℓ
塩…小さじ1/2
みそ…小さじ1
［**トッピング**］
青のり…適量
わさび（すりおろす）
…適量

**作り方**

1. 一番だしを冷蔵庫で冷やす。
2. 大和いもは皮をむき、おろし金でおろす。
3. **1**、**2**、塩をハンドブレンダーにかけ、みそを加えて味をととのえる。
4. **3**を器に入れ、青のりとわさびをあしらう。

# なす

加熱するととろりとして甘みが増し、他の野菜にも増して、蒸したり、焼いたり、揚げたりと下ごしらえの仕方によって異なった表情のすりながしができます。蒸したなすで作ると、もともとのなすの色に近く、焼くと茶褐色、揚げる翡翠色になります。油との相性がよく、揚げたなすで作るすりながしのおいしさは格別です。水なすで作るときは、加熱せずにそのまま使うのもおすすめです。

# なすのすりながし

**材料（2人分）**

なす…2個（200g）
一番だし（p.18参照）…200mℓ
塩…小さじ1/2
みそ…小さじ1
揚げ油…適量
水溶き片栗粉…適量

［**具**］
生ハム…2枚
［**トッピング**］
白ごま…適量
チャービル…適量

**作り方**

**1** なすは上下を切り落とし、縦中央に菜箸を刺して穴を開け、火を通りやすくする。170℃の油で表裏を返しながら揚げる。なすの水分が油に出て揚げる音がパチパチとしてきたら氷水にとり、手早く皮をむいて半分に切る。

**2** **1**、一番だし、塩をハンドブレンダーにかけ、みそを加えて味をととのえる。鍋に入れて中火にかけ、水溶き片栗粉でとろみをつける。

**3** 生ハムは縦半分に切り、箸で巻いて筒状にする。**2**と生ハムを器に入れ、白ごま、チャービルをあしらう。

## すりながしをアレンジ

**焼きなすで作る**

なすは魚焼きグリルで皮が真っ黒になるまで焼き、皮をむく。なすのすりながしの作り方**2**以降を参照して作る。

**冷製に仕立てる**

左記の焼きなすのすりながしを冷蔵庫で1時間ほど冷やす。器に盛り、岩のりとしょうが（各適量）をあしらう。

# 秋

## かぶ

根菜の中でも甘みがある野菜で、すりながしにすると、その甘みが一段と引き立ちます。かぶのほっこりしたやわらかさから生まれる、とろっとしたやさしい舌触りは、かぶが好んですりながしに使われる所以でしょう。皮ごとブレンダーにかけてかぶを丸ごと味わうこともできます。

かぶら蒸しは、すりおろしたかぶと卵白を白身魚にのせて蒸した料理。淡雪のようなかぶが口の中でとろけます。

# かぶのすりながし

**材料（2人分）**

かぶ…大2個（200g）
昆布だし（p.16参照）…200mℓ
塩…小さじ1/2
みそ… 小さじ1
水溶き片栗粉…適量

［具］
厚揚げ（1cm幅の拍子切り）…1/4個
**［トッピング］**
ゆずの皮（さいの目切り）…適量

**作り方**

**1** かぶは皮を薄くむき、4等分に切り分ける。かぶの葉は細かく刻む。それぞれ塩ゆでする。

**2** **1** のかぶ、昆布だし、塩をハンドブレンダーにかけ、みそを加えて味をととのえる。鍋に入れて中火にかけ、水溶き片栗粉でとろみをつける。

**3** **2** と厚揚げを器に入れ、**1** のかぶの葉とゆずの皮をあしらう。

## ペーストを使ってもう一品

## さけのかぶら蒸し

**材料（2人分）**

さけ（他の白身魚で代用可）の切り身…40g×2切れ
塩…適量
かぶのペースト（p.26参照）…100g
卵白…1個分

わさび…適量
**［べっ甲あん］**
**A** | 一番だし（p.18参照）…250mℓ
しょうゆ…50mℓ
みりん…50mℓ
水溶き片栗粉…適量

**作り方**

**1** さけはバットに並べ全体に薄く塩をふる。5分ほどおき、熱湯にさっとくぐらせ氷水に入れる。ふきんにとり、余分な水けを取り、器に入れる。

**2** 卵白は角が立つまで泡だて、かぶのペーストと合わせて、さっと混ぜる。**1** の上にたっぷりとかけ、中火で8分ほど蒸す。

**3** 鍋に **A** の材料を入れて中火にかけ、水溶き片栗粉でとろみをつける。**2** にかけ、わさびをあしらう。

# かぼちゃ

自然な甘みが持ち味のかぼちゃに相性のよい小豆を合わせたすりながし。かぼちゃは応用範囲の広い野菜で、牛乳や生クリーム、ヨーグルトなどを加えれば洋風に。スパイスとも相性がよく、カレー風味のすりながしもおすすめです。

かぼちゃのペーストはさまざまなスイーツに使えるのはもちろんサラダにも使えて便利です。ここではレーズンとナッツを加えて、食感と風味にアクセントを添えました。

# かぼちゃのすりながし

**材料（2人分）**

かぼちゃ…1/6個（200g）
一番だし（p.18参照）…200mℓ
塩…小さじ1/2
みそ… 小さじ1
水溶き片栗粉…適量

［**トッピング**］
ゆで小豆…10g
黒ごま…適量

**作り方**

**1** かぼちゃは皮をむいて一口大に切り、電子レンジに5～6分かける。
**2** **1**、一番だし、塩をハンドブレンダーにかけ、みそを加えて味をととのえる。鍋に入れて中火にかけ、水溶き片栗粉でとろみをつける。
**3** **2**を器に入れ、ゆで小豆と黒ごまをあしらう。

## ペーストを使ってもう一品

### レーズンとナッツ入り かぼちゃサラダ

**材料（2人分）**

かぼちゃのペースト（p.26参照）…100g
レーズン…20g
ミックスナッツ…50g
パセリ（みじん切り）…適量

**作り方**

かぼちゃのペーストにミックスナッツとレーズンを加えて混ぜ、パセリをあしらう。

# さつまいも

焼いたり、ふかすだけでおいしいさつまいもですが、だしと合わさることで、さらにおいしい甘みが味わえます。生ですりおろすと、さつまいもに含まれるでんぷん質でとろとろに。蒸すと甘く、焼くと香ばしく仕上がります。お好みで下ごしらえの仕方を変えて楽しみましょう。

ペーストを作りおきしておけば、きんとんも手軽に作れます。お正月を待たずに秋の味覚の栗とさつまいものほっこりした甘みを堪能しましょう。

# さつまいものすりながし

**材料（2人分）**

さつまいも…1本（200g）
一番だし（p.18参照）…200mℓ
塩…小さじ1/2
みそ… 小さじ1
水溶き片栗粉…適量

［**具**］
白玉粉…50g
昆布だし（p.16参照）…50mℓ弱
［**トッピング**］
ゆずの皮（せん切り）…適量

**作り方**

**1** さつまいもは皮をむいて1cm幅の輪切りにし、蒸し器で5分蒸す。

**2** **1**、一番だし、塩をハンドブレンダーにかけ、みそを加えて味をととのえる。鍋に入れて中火にかけ、水溶き片栗粉でとろみをつける。

**3** ボウルに白玉粉を入れ、昆布だしを少しずつ加えてのばして耳たぶほどのかたさにし、小さく丸めてゆでる。器に**2**と白玉を入れ、ゆずの皮をあしらう。

## ペーストを使ってもう一品

### 丸十きんとん

**材料（2人分）**

さつまいものペースト（p.26参照）…200g
砂糖…60g
栗の甘露煮…6粒

**作り方**

**1** さつまいものペーストに砂糖を加え、中火にかける。

**2** 栗の甘露煮を加え、艶が出るまで木べらなどで混ぜながら練る。

# 里いも

じゃがいもと同様にくせのない味で、すりながしの素材としてもよく使われます。ねっとりなめらかな食感とほのかな甘みが、ほっとする味わいです。水にさらしてぬめりを取れば、さらりとした舌触りに仕上がります。よりねっとりした食感を楽しみたいときは、生の里いもをすって作ってみましょう。

アレンジではゆでたさつまいもをトッピング。種類の異なるいもを入れることで、互いの甘みを引き立て合い、万能ねぎと一味が味をひきしめます。

# 里いものすりながし

**材料（2人分）**

里いも…4個（200g）
米のとぎ汁…適量
一番だし（p.18参照）…200mℓ
塩…小さじ1/2
みそ…小さじ1
水溶き片栗粉…適量
**［トッピング］**
粉チーズ…適量
溶きがらし（練りがらしで代用可）…適量

**作り方**

1. 里いもは皮を厚めにむき、米のとぎ汁でやわらかくなるまでゆで、流水にさらす。
2. **1**、一番だし、塩をハンドブレンダーにかけ、みそを加えて味をととのえる。鍋に入れて中火にかけ、水溶き片栗粉でとろみをつける。
3. **2**を器に入れ、粉チーズ、溶きがらしをあしらう。

## すりながしをアレンジ

**生の里いもで作る**

里いもは皮をむいてすりおろし、里いものすりながしの作り方**2**以降を参照して作る。

※皮は一部残しておくと、するときにすべりにくくなる。

**さつまいも、里いも、**
**万能ねぎ、一味をトッピング**

里いものすりながしに、ゆでて細かく切ったさつまいも、里いも、万能ねぎの小口切り、一味（各適量）をトッピングする。

# まいたけ

香りのよさとグアニル酸によるうまみを持つきのこの中でも特に香りとうまみが豊かなまいたけ。だしとの相乗効果によるうまみを堪能しましょう。油と相性がよいので、油で炒めてからブレンダーにかけても、おいしく仕上がります。

## まいたけのすりながし

**材料（2人分）**

まいたけ…2パック（200g）
昆布だし（p.16参照）…200mℓ
塩…小さじ1/2
みそ… 小さじ1
水溶き片栗粉…適量
［具］
厚揚げ（2cm角に切る）…1/2個
［**トッピング**］
七味…適量

**作り方**

**1** まいたけは一口大に裂き、さっと塩ゆでする。
**2** **1**、昆布だし、塩をハンドブレンダーにかけ、みそを加えて味をととのえる。鍋に入れて中火にかけ、水溶き片栗粉でとろみをつける。
**3** **2**を器に入れ、厚揚げと七味をあしらう。

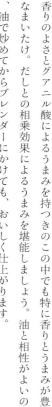

# えのきだけ

なめたけとしてもおなじみのえのきだけは、なめらかなとろみが特徴で、淡白な味わいの上品なすりながしができます。かさの部分は、短く切り落とすと、水玉のようなかわいいトッピングに。こりっとしているので、食感の対比も楽しめます。

## えのきだけのすりながし

**材料（2人分）**

えのきだけ…2パック（200g）
一番だし（p.18参照）…200mℓ
塩…小さじ1/2
みそ… 小さじ1
水溶き片栗粉…適量
［**トッピング**］
一味…適量

**作り方**

**1** えのきだけはかさの部分を切り、さっとゆでて、トッピング用に分けておく。残りの軸の部分は、石づきを切り落として塩ゆでし、半分に切る。

**2** **1**の軸、一番だし、塩をハンドブレンダーにかけ、みそを加えて味をととのえる。鍋に入れて中火にかけ、水溶き片栗粉でとろみをつける。

**3** **2**を器に入れ、**1**のかさと一味をあしらう。

# れんこん

しゃきしゃきした歯ごたえが持ち味のれんこん。すりおろすともっちり、とろとろした食感に変わり、くせになるおいしさです。とろみが出るので、水溶き片栗粉を加えなくても大丈夫ですが、よりとろとろ感を出したい方は、加えても。

れんこんの薄切りのトッピングは、とろっとした汁としゃきしゃきした食感の対比を楽しめます。ビーフンはゆでるのと揚げるのとでは全く違うアクセントになるので、使い分けてみてください。

# れんこんのすりながし

**材料（2人分）**

れんこん…1節（200g）
一番だし（p.18参照）…200mℓ
塩…小さじ1/2
みそ… 小さじ1

［**具**］
ビーフン（ゆでる）…5g
［**トッピング**］
かにかまぼこ（細く裂く）…適量
黒こしょう…適量

**作り方**

**1** れんこんは、皮をピーラーまたは包丁でむき、おろし金ですりおろす。

**2** **1**、一番だし、塩をハンドブレンダーにかけ、みそを加えて味をととのえる。鍋に入れて中火にかけ、温める。

**3** **2** とビーフンを器に入れ、かにかまぼこ、黒こしょうをあしらう。

## すりながしをアレンジ

**れんこんとからしをトッピング**

れんこんのすりながしの上に、酢水でさっとゆでたれんこんの薄切り（2枚）と、溶きがらし（適量）をあしらう。

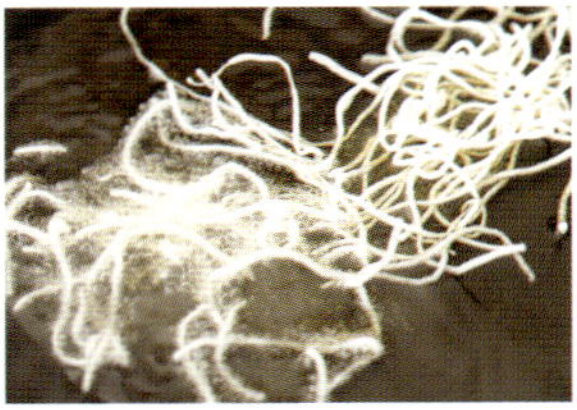

**揚げビーフンをトッピング**

170℃に熱したなたね油でビーフン（5g）を揚げる。れんこんのすりながしの上にあしらう。

# ごぼう

独特の土の香りと噛むほどに滋味深い味がするごぼう。すりながしにすると皮と実が一体になった風味が楽しめます。油と相性がよく、炒めることで、驚くほどうまみが増し、だしの味もしっかり入ります。生クリームなどの乳製品を加えて洋風に仕上げてもおいしくいただけます。

トッピングをラー油にすると、中華風に早変わり。ごぼうチップに限らず、ポテトチップスをのせるのもおすすめです。

# ごぼうのすりながし

**材料（2人分）**

ごぼう…1＋1/3本（200g）
ごま油…適量
一番だし（p.18参照）…200mℓ
塩…小さじ1/2
みそ… 小さじ1
水溶き片栗粉…適量
［**具**］
絹豆腐（1cm角に切る）…20g
［**トッピング**］
ひねりごま（ごまを煎り、指先でひねりつぶす）…適量

**作り方**

**1** ごぼうは乱切りにし、ごま油をひいたフライパンでしっかり炒める。

**2** **1**、一番だし、塩をハンドブレンダーにかけ、みそを加えて味をととのえる。鍋に入れて中火にかけ、水溶き片栗粉でとろみをつける。

**3** **2**と絹豆腐を器に入れ、ひねりごまをあしらう。

## すりながしをアレンジ

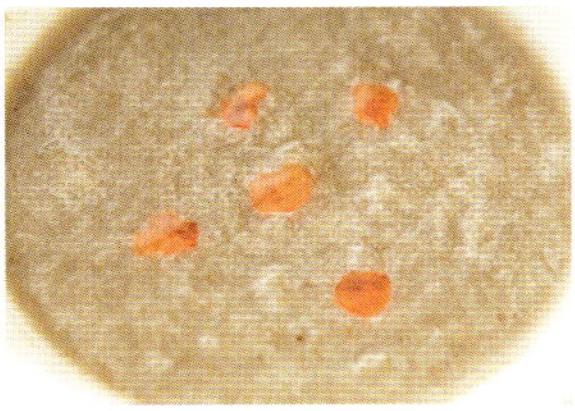

### ラー油をトッピング

ごぼうのすりながしを器に入れ、ラー油を数滴垂らす。

### ごぼうチップをトッピング

ごぼうのすりながしを器に入れ、ごぼうチップ（市販品）をあしらう。

※ごぼうチップの代わりに、ごぼうを笹切りし、素揚げしたものをのせてもよい。

# 冬

## 大根

噛むとじゅわっと汁がしみ出てくる、おでんの大根のおいしさは、誰もが愛する冬の味。そんな味わいを汁物として表現したすりながしです。だしをよく大根にしみこませるコツは、ブレンダーにかける前に、だしで煮含めること。煮干しだしを使うことで、だしの存在感をしっかり出しましょう。

大根のペーストを使った大根もちは、もちもちの食感がくせになる一品です。

# 大根のすりながし

**材料（2人分）**

大根…長さ約6cm（300g）

A
- 煮干しだし（p.20参照）…1ℓ
- 塩…小さじ1
- みそ…小さじ1

水溶き片栗粉…適量

［**トッピング**］

油揚げ（短冊切り）…1/3枚（20g）

大根の葉（ゆでて刻む）…適量

七味…適量

**作り方**

**1** 大根は皮を厚めにむいて2cm幅の輪切りにする。鍋に大根と**A**を入れ、大根がやわらかくなるまで弱火で30分ほど煮る。

**2** **1**の大根と煮汁100mℓをハンドブレンダーにかける。鍋に入れて中火にかけ、水溶き片栗粉でとろみをつける。

**3** **2**を器に入れ、油揚げ、大根の葉、七味をあしらう。

## ペーストを使ってもう一品

### 大根もち

**材料（2人分）**

大根のペースト（p.26参照）…100g

白玉粉…100g

溶きがらし（練りがらしで代用可）…適量

［**べっ甲あん**］

A
- 一番だし…250mℓ
- しょうゆ…50mℓ
- みりん…50mℓ

水溶き片栗粉…適量

**作り方**

**1** ボウルに白玉粉を入れ、大根のペーストを合わせてよくこねる。

**2** **1**をビニール袋に入れて1cmほどの厚さに平らにし、取り出して3cm×4cmの長方形に切る。沸騰した湯に塩少々（分量外）を入れ、5分ほどゆでる。

**3** **A**を合わせて火にかけ、水溶き片栗粉でとろみをつける。

**4** 器に**2**を盛り、**3**をかけて、溶きがらしをのせる。

# 春菊

さわやかで甘い香りが主役の野菜で、うまみも豊富。その香りのよさを前面に出すために、昆布だしと合わせてすりながしにします。焼き目を入れたはんぺんの香ばしさや黒ごまの風味も香りを引き立てます。

春菊は、油で炒めることで香りが閉じ込められてほのかないい香りに変化し、こくが出ます。春菊の茎をごま油で炒めて具にしてもおいしくいただけます。

# 春菊のすりながし

**材料（2人分）**

春菊…1束（200g）
昆布だし（p.16参照）…200mℓ
塩…小さじ1/2
みそ…小さじ1
水溶き片栗粉…適量

［**具**］
はんぺん…1/4枚（30g）
［**トッピング**］
黒ごま…適量

**作り方**

**1** 春菊は茎と葉に切り分け、内側の若芽を取り分ける。沸騰した湯に茎、葉の順に入れてゆでる。

**2** **1**、昆布だし、塩をハンドブレンダーにかけ、みそを加えて味をととのえる。鍋に入れて中火にかけ、水溶き片栗粉でとろみをつける。

**3** はんぺんは乱切にりし、なたね油少量（分量外）をひいたフライパンで表裏に焼き目をつける。**2**、はんぺん、**1** の若芽を器に入れ、黒ごまをあしらう。

## すりながしをアレンジ

### チーズせんべいをトッピング

皿にラップをのせ、スライスチーズ1枚をおき、電子レンジに1分～1分半かける。手で適当な大きさにちぎり、すりながしにのせる。

### 春菊の茎を具にする

春菊の茎を4cm長さに切り、ごま油（適量）を熱したフライパンで炒めて具にする。

# 白菜

みずみずしく淡白な味の白菜にだしのうまみがしみこんで、しみじみする味わいのすりながしができます。冬の野菜には、七味唐辛子などの辛みが合うので、トッピングにおすすめです。

白菜とベーコンの重ね蒸し煮は、白い芯をベーコンと重ねて煮て、緑の葉の部分でペーストを作ってあんかけにした、部位を使い分けた一品。ベーコンの塩味が白菜にしみたおいしさをご堪能あれ。

# 白菜のすりながし

**材料（2人分）**

白菜…2枚（200g）
一番だし（p.18参照）…200mℓ
塩…小さじ1/2
みそ…小さじ1
水溶き片栗粉…適量
**［トッピング］**
干しするめいか（戻して細切り）…適量
七味…適量

**作り方**

1. 白菜は塩ゆでし、ざく切りにする。
2. **1**、一番だし、塩をハンドブレンダーにかけ、みそを加えて味をととのえる。鍋に入れて中火にかけ、水溶き片栗粉でとろみをつける。
3. **2** を器に入れ、干しするめいか、七味をあしらう。

## 白菜の葉のペーストを使った一品

# 白菜とベーコンの重ね蒸し煮

**材料（2人分）**

白菜…2～3枚
一番だし…400mℓ
塩…小さじ1弱
ベーコン…10枚
**A** 一番だし…50mℓ
　 塩…少々
水溶き片栗粉…適量
黒こしょう…適量

**作り方**

1. 一番だしに塩を入れて混ぜ、塩ゆでした白菜を5分漬ける。白菜を芯と葉に切り分ける。
2. **1** の芯をベーコンの幅に切る。鍋に白菜とベーコンを交互に重ねて入れ、軽く重石をし、ふたをして5分蒸し煮にする。
3. **1** の葉を一口大に切り、**A** と一緒にブレンダーにかける。鍋に入れて中火にかけ、水溶き片栗粉でとろみをつける。
4. **2** を適当な大きさに切りそろえ、断面を見せて盛りつける。**3** をかけ、黒こしょうをあしらう。

# ほうれん草

冬のほうれん草は、栄養価も甘みも抜群で、ゆでただけでおいしくいただけるほど。
昆布だしと合わせてその持ち味をストレートに生かします。

## ほうれん草のすりながし

**材料（2人分）**

ほうれん草…1束（200g）
昆布だし（p.16参照）…200mℓ
塩…小さじ1/2
みそ…小さじ1
水溶き片栗粉…適量
［**トッピング**］
スライスチーズ…1枚
黒こしょう…適量

**作り方**

**1** ほうれん草は、5cm長さに切って流水で洗い、塩ゆでする。水にさらしてアクを抜き、水けを取る。

**2** **1**、昆布だし、塩をハンドブレンダーにかけ、みそを加えて味をととのえる。鍋に入れて中火にかけ、水溶き片栗粉でとろみをつける。

**3** スライスチーズでチーズせんべいを作る（p.77参照）。**2**を器に入れ、チーズせんべい、黒こしょうをあしらう。

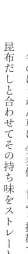

# 長ねぎ

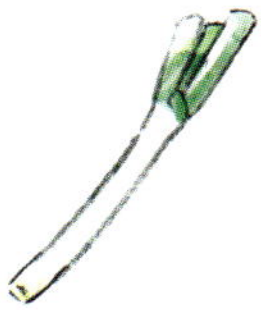

冬の長ねぎは、加熱すると甘みと、とろっとした食感が生まれます。特に焼くと甘みが増すので、焼いた長ねぎですりながしを作るのもおすすめです。

## 長ねぎのすりながし

**材料（2人分）**

長ねぎ…2本（200g）
煮干しだし（p.20参照）…200mℓ
塩…小さじ1/2
みそ…小さじ1
水溶き片栗粉…適量
［**トッピング**］
桜えび…6匹
ゆずの皮（さいの目に切る）
…適量

**作り方**

1. 長ねぎは5cm長さに切り、塩ゆでする。
2. **1**、煮干しだし、塩をハンドブレンダーにかけ、みそを加えて味をととのえる。鍋に入れて中火にかけ、水溶き片栗粉でとろみをつける。
3. **2**を器に入れ、桜えびとゆずの皮をあしらう。

# 小松菜

甘さとほろ苦さを持つ野菜です。アクが少なく、くせがないので扱いやすいのも魅力。さっと火を通し、しゃきっとした歯ざわりを生かします。一味唐辛子やゆずなどでアクセントをつけると、ほろ苦い大人向けの風味が引き立ちます。

小松菜と高野豆腐の浸しは、精進料理の代表的な食材で葉物野菜と相性のいい高野豆腐を、小松菜のペーストであんかけ風に仕立てた一品です。

# 小松菜のすりながし

**材料（2人分）**

小松菜…1束（200g）
一番だし（p.18参照）…200mℓ
塩…小さじ1/2
みそ…小さじ1
水溶き片栗粉…適量
［**トッピング**］
釜揚げしらす…20g
一味唐辛子…適量

**作り方**

1. 小松菜は5cm長さに切って流水で洗い、塩ゆでする。
2. **1**、一番だし、塩をハンドブレンダーにかけ、みそを加えて味をととのえる。鍋に入れて中火にかけ、水溶き片栗粉でとろみをつける。
3. **2**を器に入れ、釜揚げしらすと一味唐辛子をあしらう。

## ペーストを使ってもう一品

### 小松菜と高野豆腐の浸し

**材料（2人分）**

小松菜のペースト
（p.26参照）…100g
一番だし（p.18参照）…100mℓ
塩…少々
高野豆腐…1個
**A** 一番だし…600mℓ
薄口しょうゆ…100mℓ
みりん…100mℓ
ゆずの皮（せん切り）…適量

**作り方**

1. 鍋に**A**を入れて中火にかけ、高野豆腐を入れて落としぶたをして約15分煮る。粗熱がとれたら、半分に切る。
2. 小松菜のペーストに一番だしと塩を加えて味をととのえる。
3. 器に**1**と**2**を盛りつけ、ゆずの皮をあしらう。

コラム

2

## 管理栄養士からみたすりながしの魅力
# 栄養面

海外の食材が手軽に入手できるようになり、この数十年間で日本家庭の食卓は様変わりしました。食の欧米化が進み、エネルギーや脂質過剰な食事を摂る人が増え、我が国では栄養バランスを整えることが長年の課題となっています。中でも野菜は、子どもからお年寄りまで幅広い年代で不足傾向にあり、体の調子を整えるために必要なビタミンやミネラルの摂取不足が懸念されています。

このような背景から、多くの企業では野菜不足解消をうたった商品開発を積極的に行い、国民の健康志向に働きかけています。そこで、注目したいのがすりながしです。すりつぶした食材を風味豊かなだしとわずかな調味料でいただく汁物。四季折々の旬野菜を、余すことなく使用し、深い味わいを堪能することができます。野菜を丸ごと使うことから、素材に含まれる栄養素を効率よく摂取できるという利点があります。また、生活習慣病・便秘予防などで効果が期待されている食物繊維を摂れることは、大きなメリットでしょう。食物繊維は、たんぱく質、炭水化物、脂質、ミネラル、ビタミンの5大栄養素と並び、第6の栄養素として見直されている一方、現代人が特に摂れていない栄養素の一つです。繊維質をすりつぶしていただくすりながしは、食物繊維不足の現代人にぴったりと言えるでしょう。本書に掲載されているレシピは、1食当たり野菜を100g程度使用しており、野菜不足解消の一助として期待されます。

すりながしのさらに良いところは、魚、豆などのたんぱく源も具材として使用できるところです。たんぱく質は、丈夫な骨、美しい髪、肌等を作る上で必要不可欠な栄養素ですが、とかく若い女性は、カロリーが高そう……と敬遠しがちです。掲載の「豆腐のすりながし」(p.94)は、女性ホルモンにその構造が似ているとされる大豆イソフラボンを摂取でき、美容と健康を気遣う女性におすすめです。低脂肪、低カロリーに抑えられる点もうれしいですね。

古くから日本の食文化として伝承されてきた、すりながし。今こそ、その価値を見直す時なのではないでしょうか。

(小沼梨沙)

# 多彩なすりながしを楽しむ

# アボカドのすりながし

「森のバター」ともいわれるように、
クリーミーで濃厚な味わいの果物、アボカド。
栄養価の高さも魅力です。ヨーグルトでさわやかな酸味を加え、
一日のスタートにぴったりのスープにしました。

## 朝

すりながしは、だしがベースですが、ヨーグルトなどの乳製品を加えることで、パンにも合うようにアレンジできます。朝は、眠っている間に下がった体温を温めて身体の代謝をアップするために、温かい飲み物を飲むことが大切です。忙しい朝でも、週末に作りおきした野菜ペーストを使えば、すぐに作れます。

**材料（2人分）**

アボカド…1個（200g）
昆布だし（p.16参照）…150㎖
ヨーグルト…50g
塩…小さじ1/2
水溶き片栗粉…適量

**作り方**

1. アボカドは皮をむいて種を除いてラップに包み、レンジで3分加熱する。
2. **1**、昆布だし、ヨーグルト、塩をハンドブレンダーにかける。鍋に入れて中火にかけ、水溶き片栗粉でとろみをつける。

KITCHEN

# にんじんのすりながし

明るいオレンジ色で一年中私たちに元気を与えてくれる、にんじん。
和風にも洋風にも、エスニックにもなる万能選手です。
冬に出てくる金時にんじんは甘く栄養価が高いので、ぜひ使ってみましょう。

**材料（2人分）**

にんじん…1本（200g）
なたね油…適量
煮干しだし（p.20参照）…200mℓ
塩…小さじ1/2
みそ…小さじ1
水溶き片栗粉…適量

**作り方**

1 にんじんは、皮をむいてせん切りにし、なたね油で炒める。

2 **1**、煮干しだし、塩をハンドブレンダーにかけ、みそを加えて味をととのえる。鍋に入れて中火にかけ、水溶き片栗粉でとろみをつける。

# レタスのすりながし

サラダで食べているときには気づかなかったレタスのほろ苦さやうまみを再発見できる、
すりながしです。ここでは生のまま使いますが、さっと塩ゆですると、
しゃきしゃき感のあるまま青味が穏やかになります。

**材料（2人分）**

レタス…2/3個（200g）
昆布だし（p.16参照）…200㎖
塩…小さじ1/2
みそ…小さじ1

**作り方**

1 レタスはへたを除いてざく切りにする。
2 1、昆布だし、塩をハンドブレンダーにかける。かさがあるので、数回に分けてかけるとよい。みそを加えて味をととのえる。

# 昼

おうちで昼ごはんというときに、少し変化をつけて、すりながしを麺のつけ汁にしてみてはいかがでしょうか。お弁当の汁物として、また小腹がすいたときのおやつとしてもおすすめです。ここでは、砂糖不使用で自然な甘さのあるドライフルーツで作るすりながしを紹介します。

**材料（2人分）**

トマト…1個（200g）
煮干しだし（p.20参照）…200㎖
塩…小さじ1/2
みそ…小さじ1
水溶き片栗粉…適量
そうめん…2束

**作り方**

1. トマトはへたを取って蒸し器で10分ほど蒸し、皮をむく。
2. **1**、煮干しだし、塩をハンドブレンダーにかけ、みそを加えて味をととのえる。鍋に入れて中火にかけ、水溶き片栗粉でとろみをつけ、器に入れる。
3. そうめんはゆでて素早く冷水にとり、器に盛る。そうめんを**2**につけていただく。

# そうめんとトマトの
# すりながしのつけ汁

温製でも冷製でもいただけます。
そうめんの代わりにうどんのつけ汁や糸寒天、
スープパスタもおすすめです。

# 高野豆腐入りじゃがいものすりながし

お弁当に持っていく場合は、葉野菜は色が変わりやすいので、
いも類や根菜類のすりながしがおすすめです。
朝、スープジャーに乾物をそのまま入れれば、お昼には食べ頃になります。

**材料（2人分）**

じゃがいも…大1個（200g）
一番だし（p.18参照）…200mℓ
塩…小さじ1/2
みそ…小さじ1
水溶き片栗粉…適量
［具］
ミニ高野豆腐…4個

**作り方**

**1** じゃがいもは電子レンジに4分〜4分半かけ、やわらかくする。熱いうちに皮をむき、縦半分に切る。

**2** **1**、一番だし、塩をハンドブレンダーにかけ、みそを加えて味をととのえる。鍋に入れて中火にかけ、水溶き片栗粉でとろみをつける。

**3** **2**を熱いままスープジャーに入れ、高野豆腐を入れる。

# ドライプルーンのすりながし

中国にはなつめ入りの薬膳スープが、トルコにはナッツとドライフルーツのスープがあるなど、
自然な甘みと豊富な栄養素を持つドライフルーツは、スープにとって魅力的な素材です。
ドライプルーンの濃厚なうまみを、だしがやさしく包みます。お好みでシナモンをトッピングしても。

**材料（2人分）**

ドライプルーン…50g
昆布だし（p.16参照）…300㎖
ヨーグルト…50g

**作り方**

1. プルーンとヨーグルトを合わせ、少しずつハンドブレンダーにかける。
2. 昆布だしを数回に分けて加え、その都度ハンドブレンダーにかける。
3. 冷蔵庫に1時間入れて冷やす。

# 夜

すりながしは野菜以外にもさまざまな食材で作ることができます。コンビニでも購入できる豆腐や納豆を使ったすりながしなら、下ごしらえもいりません。ボリュームがほしい人は、豆腐レタスロールや市販のサラダチキンを具にしてはいかがでしょう。

**材料（2人分）**

木綿豆腐…1丁（200g）
一番だし（p.18参照）
…200㎖
塩…小さじ1/2
みそ…小さじ1
水溶き片栗粉…適量
［**具**］
レタス…2枚
木綿豆腐…1/3丁

**作り方**

1. 木綿豆腐はふきんで軽く水けを取り、小さくちぎる。
2. **1**、一番だし、塩をハンドブレンダーにかけ、みそを加えて味をととのえる。鍋に入れて中火にかけ、水溶き片栗粉でとろみをつける。
3. 具の木綿豆腐は、4つに切り分けて塩（適量・分量外）をふって下味をつける。湯通しして半分に切ったレタスで巻く。
4. **2**を器に入れ、**3**を盛りつける。

# 豆腐レタスロール入り<br>豆腐のすりながし

豆腐はブレンダーにかけると、豆腐の中に含まれていた
大豆の油分が表面に出てくるため、よりおいしくなります。
豆腐レタスロールは、切る工程が少なく、手軽に作れるヘルシーな具として、
ぜひ他のすりながしにも使ってみてください。

# もち入り納豆のすりながし

身体にもお財布にもやさしい納豆は、買い置きされているご家庭も多いでしょう。
だしと一緒にブレンダーにかければあっというまにでき上がり。
焼いたおもちを入れると、手軽なワンボウルの夜食になります。

**材料（2人分）**

納豆…2パック（100g）
一番だし（p.18参照）…300mℓ
塩…小さじ1/2
みそ…小さじ1
水溶き片栗粉…適量
［**具**］
もち…2個
［**トッピング**］
溶きがらし
（練りがらしで代用可）…適量

**作り方**

1 納豆は流水で軽く洗い、ぬめりを取る。
2 **1**、一番だし、塩をハンドブレンダーにかけ、みそを加えて味をととのえる。鍋に入れて中火にかけ、水溶き片栗粉でとろみをつける。
3 **2**を器に入れ、焼いたもちを盛りつけ、溶きがらしをあしらう。

# サラダチキン入り まいたけとえのきだけのすりながし

2種類のきのこを合わせてすりながしにすると、うまみの相乗効果で、よりおいしくなります。
具も肉団子やはんぺんなどに変えてお好みの味で楽しみましょう。

**材料（2人分）**

まいたけ…1パック（100g）
えのきだけ…1パック（100g）
昆布だし（p.16参照）…200mℓ
塩…小さじ1/2
みそ…小さじ1
水溶き片栗粉…適量
［**具**］
サラダチキン（市販品）…適量
［**トッピング**］
かいわれ大根…適量

**作り方**

**1** まいたけは一口大に裂き、さっと塩ゆでする。えのきだけは根元を切り落として塩ゆでし、半分に切る。

**2** **1**、昆布だし、塩をハンドブレンダーにかけ、みそを加えて味をととのえる。鍋に入れて中火にかけ、水溶き片栗粉でとろみをつける。

**3** **2** と一口大に切ったサラダチキンを器に盛りつけ、かいわれ大根をあしらう。

# 市販のだしで

自分でとっただしのおいしさは格別ですが、時間がないときや、作りおきのだしがないときには、市販のだしを使うことで、より短い時間ですりながしを作ることができます。素材と相性のいいだしを選んで使いましょう。

にんべん
**素材薫るだし**
**かつお・昆布**

選別された本枯鰹節と北海道産の昆布だけを使用したテトラ型ティーバッグのだし専用商品。調味料不使用。一番だしの代わりとして使いましょう。

## カリフラワーのすりながし

カリフラワーの旬は冬。雪のように真っ白な花蕾《からい》がつまったものを選びましょう。
かつおと昆布のうまみと非常に合い、持ち味である上品な香りが引き立ちます。

**材料（2人分）**

カリフラワー…2/5個（200g）
素材薫るだし かつお・昆布
…1袋
水…200㎖
塩…小さじ1/2
みそ…小さじ1
水溶き片栗粉…適量
**［トッピング］**
粉チーズ…適量
チャービル…適量

**作り方**

1. カリフラワーは茎の根元から包丁を入れて小房に分け、塩ゆでする。
2. 鍋に水を入れて沸かし「素材薫るだし かつお・昆布」を入れ、中火で3分ほど煮出してから袋を取り除く。
3. **1**、**2**、塩をハンドブレンダーにかけ、みそを加えて味をととのえる。鍋に入れて中火にかけ、水溶き片栗粉でとろみをつける。
4. **3**を器に入れ、粉チーズとチャービルをあしらう。

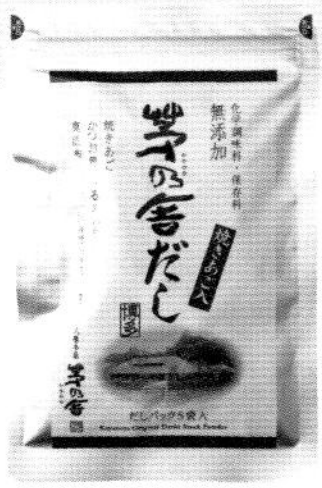


久原本家
## 茅乃舎だし

焼きあご、かつお節、うるめいわし、真昆布など4つの素材を粉末にし、バランスよく配合。こくを足したいときに使いましょう。

# ブロッコリーのすりながし

ブロッコリーは沸騰してから2分以上ゆでると、
歯ごたえのある食感がなくなってしまうので気をつけましょう。
花蕾《からい》以上に甘い茎の部分まで丸ごと使い、焼きあごのだしでこくを出してあげます。

**材料（2人分）**

ブロッコリー…1個（200g）
茅乃舎だし…1袋
水…200mℓ
塩…小さじ1/2
みそ…小さじ1
水溶き片栗粉…適量
［**トッピング**］
粉チーズ…適量
黒こしょう…適量

**作り方**

**1** ブロッコリーは茎の根元から包丁を入れて小房に分け、塩ゆでする。

**2** 鍋に水と「茅乃舎だし」を入れて火にかけ、沸騰してから中火で2～3分煮出し、袋を取り除く。

**3** **1**、**2**、塩をハンドブレンダーにかけ、みそを加えて味をととのえる。鍋に入れて中火にかけ、水溶き片栗粉でとろみをつける。

**4** **3**を器に入れ、粉チーズと黒こしょうをあしらう。

# 海の幸

野菜と並んで伝統的によく作られてきたのが、魚介類のすりながしです。魚介類は野菜に比べてうまみが強いため、だしの数分の一の分量で十分です。魚のゼラチン質は60〜80℃で固まってしまうため、低温のうちにだしとよく混ぜましょう。

ここで紹介する魚介の他にも白身魚、いわし、かつおなど、さまざまな魚介で作ってみましょう。

春

## ほたてのすりながし

うまみが豊富な貝類は、
ぜひすりながしにしてほしい素材の一つ。
中でもほたては、だしがよくとれ、
ブレンダーにもかけやすいので、おすすめです。
うまみの結晶である乾物のほたてで作ってもよいでしょう。

**材料（2人分）**

ほたて…5個
昆布だし（p.16参照）…300㎖
塩…小さじ1/2
みそ…小さじ1
水溶き片栗粉…適量

［具］
玉子豆腐…2丁

**［トッピング］**
木の芽…適量

**作り方**

**1** ほたては流水でよく洗い、ふきんで水けをよく取る。

**2** **1**、昆布だし、塩をハンドブレンダーにかけ、みそを加えて味をととのえる。鍋に入れて中火にかけ、水溶き片栗粉でとろみをつける。

**3** **2**と玉子豆腐を器に入れ、木の芽をあしらう。

# あじのすりながし

味がいいので「あじ」の名がついたといわれるほど美味で一年中食されますが、夏は特に脂がのっています。ぜひ新鮮なあじで作りましょう。冷や汁感覚で冷たく仕立てるのもおすすめです。

**材料(2人分)**

あじ…2尾(100g)
昆布だし(p.16参照)…300mℓ
塩…小さじ1/2
みそ…小さじ1
水溶き片栗粉…適量
[具]
はんぺん(焼き目をつける)
…1/2枚
[トッピング]
青ゆずの皮(せん切り)…適量

**作り方**

**1** あじは三枚におろして皮と骨を除き、ざく切りにする。

**2** **1**、昆布だし、塩をハンドブレンダーにかけ、みそを加えて味をととのえる。鍋に入れて中火にかけ、水溶き片栗粉でとろみをつける。

**3** **2** と4等分に切ったはんぺんを器に入れ、青ゆずの皮をあしらう。

# さばのすりながし

ここでは手軽なさばの水煮缶を使って作ります。缶詰の利点は、骨まで食べられ、全てのうまみをいただけるところ。いわしの水煮缶でも同様に作れます。もちろん生の魚を使っても。

**材料（2人分）**

さばの水煮缶…1缶
昆布だし（p.16参照）…300mℓ
塩…小さじ1/2
みそ…小さじ1
水溶き片栗粉…適量
［**具**］
里いも…2個
［**トッピング**］
黒ごま…適量

**作り方**

**1** さばの水煮缶はざるにとり、余分な油分を取り除く。里いもは形よくむいて、やわらかくなるまでゆでる。

**2** **1**のさば、昆布だし、塩をハンドブレンダーにかけ、みそを加えて味をととのえる。鍋に入れて中火にかけ、水溶き片栗粉でとろみをつける。

**3** **2**と里いもを器に入れ、黒ごまをあしらう。

冬

# かきのすりながし

「海のミルク」と呼ばれるほど栄養とうまみがたっぷりのかきで作る、贅沢なすりながし。
かきを丸ごと生かす調理法としても一押しです。ぜひできたてを味わってください。

**材料（2人分）**

かき…6個（100g）
昆布だし（p.16参照）…300㎖
塩…小さじ1/2
みそ…小さじ1
水溶き片栗粉…適量
［具］
焼き豆腐…1/2丁
**［トッピング］**
万能ねぎ（小口切り）…適量

**作り方**

1. かきは流水でよく洗い、ふきんで水けをよく取る。
2. **1**、昆布だし、塩をハンドブレンダーにかけ、みそを加えて味をととのえる。鍋に入れて中火にかけ、水溶き片栗粉でとろみをつける。
3. **2**と4等分に切った焼き豆腐を器に入れ、万能ねぎをあしらう。

# わかめのすりながし

わかめはペーストにすることによってとろみが出て風味が前面に現れます。
とろみが出るので、水溶き片栗粉なしでも。
若竹煮をイメージして、相性のよいたけのこをトッピングしました。

**材料（2人分）**

乾燥わかめ
…（水で戻した状態で）200g
一番だし（p.18参照）…200mℓ
塩…小さじ1/2
みそ…小さじ1
［**トッピング**］
ゆでたけのこの穂先…適量
木の芽…適量

**作り方**

**1** わかめ、一番だし、塩をハンドブレンダーにかけ、みそを加えて味をととのえる。鍋に入れて中火にかける。

**2** **1**を器に入れ、たけのこの穂先と木の芽をあしらう。

# ひじきのすりながし

海藻類を一度にたくさん食べるのは難しいと感じている方にも、すりながしはおすすめです。

買い置きできる乾物で手軽に作れます。

相性のよい油揚げと味のアクセントに一味をトッピングしました。

**材料（2人分）**

乾燥ひじき
…（水で戻した状態で）200g
一番だし（p.18参照）…200mℓ
塩…小さじ1/2
みそ…小さじ1
水溶き片栗粉…適量
**［トッピング］**
油揚げ（短冊切り）…適量
一味…適量

**作り方**

1. ひじき、一番だし、塩をハンドブレンダーにかけ、みそを加えて味をととのえる。鍋に入れて中火にかけ、水溶き片栗粉でとろみをつける。
2. 1を器に入れ、油揚げと一味をあしらう。

# 果物

すりながしは季節の果物で作ることもできます。だしは果物の風味をそこなわない昆布だしがおすすめ。ヨーグルトと砂糖で酸みと甘みをととのえると、デザートとしていただけます。

## いちごのすりながし

いちごならではの甘酸っぱさを堪能するすりながし。
ハンドブレンダーは実を残す程度に軽くかけてもよいでしょう。

**材料（2人分）**

いちご…10個
昆布だし（p.16参照）…200㎖
ヨーグルト…50g
砂糖…15g
［**トッピング**］
チャービル…適量

**作り方**

1. いちごはへたをとり、縦半分に切る。
2. **1**、昆布だし、ヨーグルトをハンドブレンダーにかけ、砂糖を加えて味をととのえる。
3. **2**を器に入れ、チャービルをあしらう。

# 桃のすりながし

夏の懐石料理でも供される、上品な香りのすりながし。
酸味のあるかたい桃で作るのがおすすめです。

**材料（2人分）**

桃…1個
昆布だし（p.16参照）…200mℓ
ヨーグルト…50g
砂糖…15g
［**トッピング**］
チャービル…適量

**作り方**

1. 桃は熱湯にくぐらせて氷水にとり、皮をむく。蒸し器に入れ、8分ほど蒸して、種を除く。
2. **1**、昆布だし、ヨーグルトをハンドブレンダーにかけ、砂糖を加えて味をととのえる。
3. **2**を器に入れ、チャービルをあしらう。

# 栗のすりながし

栗が出てくる季節に、栗ご飯や栗きんとんなどの定番料理とともにぜひ作っていただきたい一品。
栗のほんのりした甘みと香りをストレートに味わえます。

**材料（2人分）**

栗…200g
昆布だし（p.16参照）…200mℓ
塩…小さじ1/2
みそ…小さじ1
水溶き片栗粉…適量
［**トッピング**］
食用菊…適量

**作り方**

**1** 栗は殻をむいて、やわらかくなるまで塩ゆでする。

**2** **1**、昆布だし、塩をハンドブレンダーにかけ、みそを加えて味をととのえる。鍋に入れて中火にかけ、水溶き片栗粉でとろみをつける。

**3** **2**を器に入れ、食用菊をあしらう。

# りんごのすりながし

すりおろして離乳食として食されることも多いりんごは、くせがなく他の食材と混ぜてもおいしくいただけます。色が変わりやすいので、早めにいただきましょう。

**材料（2人分）**

りんご…200g
昆布だし（p.16参照）…200mℓ
ヨーグルト…50g
砂糖…15g
［**トッピング**］
シナモンパウダー…適量

**作り方**

1. りんごは皮をむいて芯を除き、すりおろす。
2. **1**、昆布だし、ヨーグルトをハンドブレンダーにかけ、砂糖を加えて味をととのえる。
3. **2**を器に入れ、シナモンパウダーをあしらう。

# おもてなし

おもてなしの際にお出しするすりながしは、ふだんのシンプルなすりながしにひと手間加えて、お客様に喜んでいただけるようなサプライズを演出したいもの。すりながしを組み合わせたり、トッピングに変化をつけたり、自由に演出を楽しみましょう。

# アスパラガスと新玉ねぎの2層の冷製すりながし

2種類のすりながしをグラスに盛りつけます。
下の層のアスパラガスのすりながしの
とろみを強めにすると色がきれいに分かれます。
色合いと味の合う組み合わせを見つけて
ぜひアレンジしてみましょう。

**材料（2人分）**

アスパラガス…5本（100g）
新玉ねぎ…3/4個（150g）
一番だし（p.18参照）…150mℓ
塩…小さじ1/2
みそ…小さじ1
水溶き片栗粉…適量

**作り方**

1. p.35の分量と作り方**1**、**2**を参照し、半量のアスパラガスのすりながしを作る。
2. p.37の分量と作り方**1**、**2**を参照し、半量の新玉ねぎのすりながしを作る。
3. アスパラガス、新玉ねぎの順で器に入れる。
4. 冷蔵庫で約1時間冷やす。

# ビーツの
# すりながし

ほんのり甘く
さっぱりした味わいで、
冷製もおすすめです。
ビーツの水煮缶を使うと
手軽に作れますが、
生からゆでて作ると、
格別のおいしさです。

**材料（2人分）**

ビーツ…1個（200g）
一番だし（p.18参照）…200mℓ
塩…小さじ1/2
みそ…小さじ1
水溶き片栗粉…適量
［**具**］
ペコロス（皮をむいて蒸す）…2個
［**トッピング**］
チャービル…適量

**作り方**

**1** ビーツは皮つきのまま、色止めに塩と酢少々（分量外）を入れて、竹串が通るまでゆでる。皮をむき、3cm幅のいちょう切りにする。

**2** **1**、一番だし、塩をハンドブレンダーにかけ、みそを加えて味をととのえる。鍋に入れて中火にかけ、水溶き片栗粉でとろみをつける。

**3** **2**とペコロスを器に入れ、チャービルをあしらう。

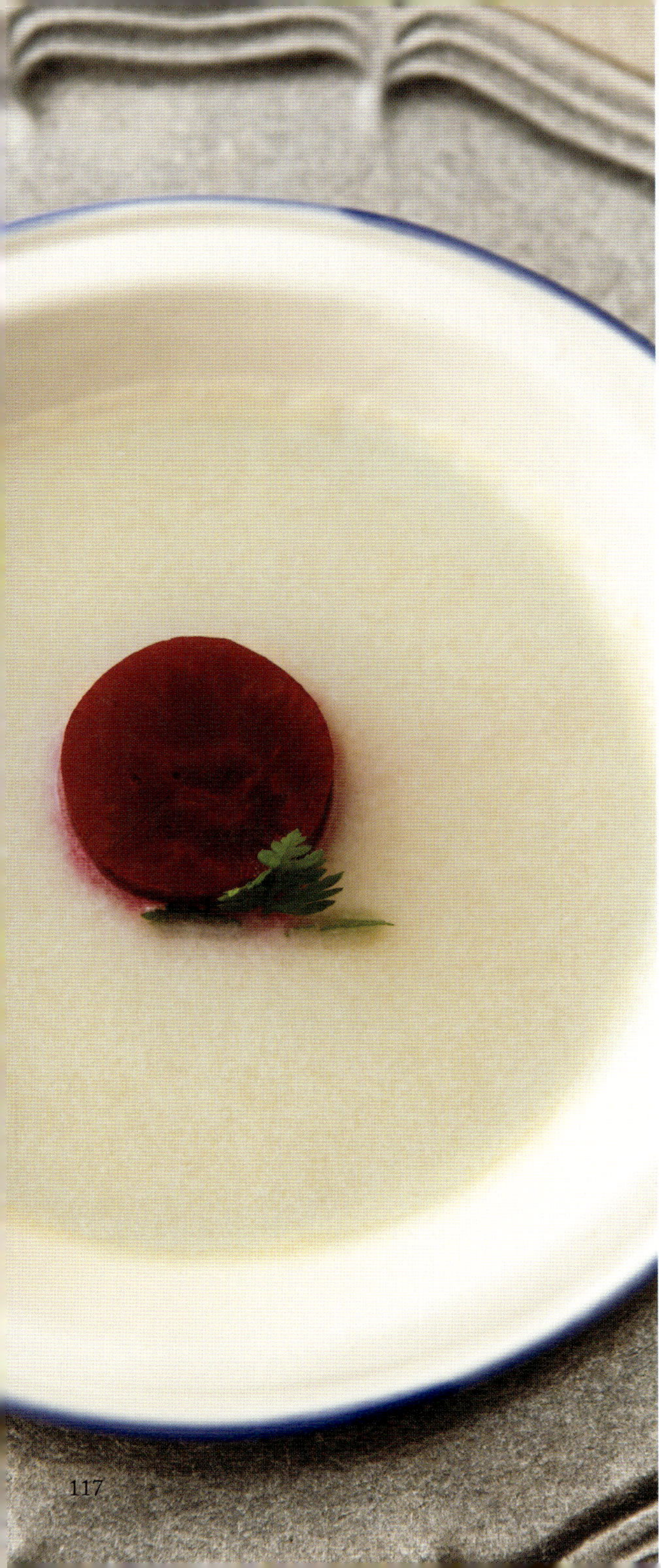

# 新玉ねぎの すりながし

ビーツのすりながしと、
汁と具の素材を
反転させました。
どちらも用意し、お客様の目を
楽しませましょう。

**材料（2人分）**

p.37参照

［**具**］

ビーツ（ゆでる。〈p.116参照。〉
または水煮缶）…1/2個

［**トッピング**］

チャービル…適量

**作り方**

**1** p.37の**1**、**2**の手順で新玉ねぎのすりながしを作る。

**2** ビーツは2cm幅の輪切りにして、直径3cmのセルクルで抜く。

**3** **1**と**2**を器に入れ、チャービルをあしらう。

# 菜の花のすりながし 桜の塩漬け

日本で古くから親しまれているエディブルフラワー、桜の葉の塩漬け。
菜の花のすりながしにトッピングして春の訪れを喜ぶ気持ちを表しました。

**材料（2人分）**

p.31参照

［**トッピング**］

桜の塩漬け（市販品）…適量

**作り方**

1. p.31の**1**、**2**の手順で菜の花のすりながしを作る。
2. **1**を器に入れ、桜の塩漬けをあしらう。

# ごまのすりながし 水草青寄せ

「青寄せ」とは青菜の葉をすって煮たときに浮いてくる緑の色素をすくい取る日本料理の技法。
青寄せの鮮やかな緑色が、見た目を楽しませてくれます。

**材料（2人分）**

白ごまペースト…80g
昆布だし（p.16参照）
…320mℓ
塩…小さじ1/2
みそ…小さじ1
水溶き片栗粉…適量
［**トッピング**］
（作りやすい分量）
ほうれん草…1/2束（100g）
水…400mℓ
塩…少量

**作り方**

**1** ほうれん草の葉だけをちぎり、水適量（分量外）を加えてハンドブレンダーにかけ、どろっとしたペースト状にする。水と塩を加えて青汁状にし、ざるに通して汁を鍋に入れる。中火にかけると、緑色の色素が浮いてくるので、すくい取って集める。

**2** 白ごまペースト、昆布だし、塩をハンドブレンダーにかけ、みそを加えて味をととのえる。鍋に入れて中火にかけ、水溶き片栗粉でとろみをつける。

**3** **2**を器に入れ、竹串や楊枝に**1**をつけて右図を参考に水草を描く。

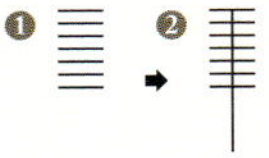


❶ 幅7㎜ほどの線を7本描く。
❷ **1**の中央に縦線を引く。

# 新しい一汁三菜の提案

日本の家庭料理は、ご飯に汁物とおかず3種（主菜1品、副菜2品）で構成される「一汁三菜」が基本とされてきました。汁物の定番といえば、みそ汁ですが、ときには変化をつけてすりながしにしてみてはいかがでしょうか。

## もやしのすりながし

**材料（2人分）**

もやし…1袋（200g）
一番だし（p.18参照）…200mℓ
塩…小さじ1/2
みそ…小さじ1
水溶き片栗粉…適量
［**トッピング**］
油揚げ（1.5cm角に切る）…適量
七味…適量

**作り方**

1. もやしはよく洗い、さっと塩ゆでする。
2. **1**、一番だし、塩をハンドブレンダーにかけ、みそを加えて味をととのえる。鍋に入れて中火にかけ、水溶き片栗粉でとろみをつける。
3. **2**を器に入れ、油揚げと七味をあしらう。

---

## パプリカ浸し

**材料（2人分）**

パプリカ（赤、黄、緑）
…各1/8個
いんげん…適量
**A** | 一番だし…400mℓ
薄口しょうゆ…50mℓ
みりん…50mℓ

**作り方**

1. パプリカは皮をむき、5mm幅、4cm長さに切る。いんげんは4cm長さに切り、塩ゆでする。
2. **A**を合わせて中火にかけ、沸いたら冷ます。
3. **1**を**2**に浸し、冷蔵庫で2時間漬け込む。
4. 器に**3**を各色が交互に重なるように盛りつける。

# さわら焼きなます
# 紅葉おろし

**材料（2人分）**

さわら（さく）…100g
塩…適量
ポン酢…適量
万能ねぎ（小口切り）…適量
紅葉おろし…適量

**作り方**

**1** さわらは皮に薄く塩をふり、グリルまたはガスコンロでさっと表面を焼く。

**2** **1**を氷水に入れる。表面が冷めたらすぐに乾いたふきんで水けを取る。

**3** **2**のさわらを引き切り※して器に盛りつけ、ポン酢を注ぐ。万能ねぎ、紅葉おろしをあしらう。

※引き切り：まな板にさくの厚みの薄い方を手前にして置き、刃元から切っ先に向かって引きながら一気に切る。

---

# 大根・手羽先黒酢煮

**材料（2人分）**

大根…100g
鶏手羽先…4本
なたね油…適量
小松菜…適量
しょうが（極細のせん切り）…適量

**A**
昆布だし…800mℓ
しょうゆ…100mℓ
みりん…50mℓ
黒酢…50mℓ
砂糖…大さじ2+1/2

**作り方**

**1** 大根は皮をむいて2cm幅のいちょう切りにし、下ゆでする。小松菜は細かく刻み、塩ゆでする。

**2** 鶏手羽先はなたね油をひいたフライパンで焼き目をつけ、余分な油を拭き取る。

**3** **2**を鍋に移して**1**の大根と**A**を加えて、強火にかける。沸いたら中火にし、アクをすくいながら約15分煮る。

**4** 器に**3**を盛りつけ、**1**の小松菜としょうがを散らす。

※**3**の後、鶏手羽先は熱いうちに指で骨を引っ張って抜いておくと、食べやすい。

コラム

**3**

## 管理栄養士からみたすりながしの魅力

# 離乳食・介護食への利用

おいしさを感じる要素として、香り、彩り、温度、舌ざわりなどが挙げられますが、「味」が最も貢献することはいうまでもありません。甘み・酸み・塩み・苦み・うまみは、5つの基本味とされ、特に甘み・うまみ・塩みは、その加減によりおいしさを左右します。一方、甘みと塩みは摂りすぎには十分注意が必要。糖分や塩分は、将来の疾病罹《り》患リスクを高めてしまうため、これらを抑えながらおいしい料理を仕上げる工夫が必要になります。そこで活用したいのが、「だしのうまみ」です。だしに含まれるうまみ成分は、単独でなめてもそれほどおいしさを感じませんが、他の食材と共存させることで効果を発揮します。

だしの効果を十分に生かした「すりながし」は、離乳食にも利用することができます。赤ちゃんの舌は、甘み・塩みに敏感です。乳幼児期は内臓機能が未熟なため、刺激が強くならないよう、味つけに配慮することが大切です。だしを活用したすりながしは、素材の味を生かしたなめらかなスープ。赤ちゃんの食の進み具合によって、形状や種類を変化させることもできます。大人用として途中まで作り、離乳食用として取り分けることで、家族が一緒に同じ食事を摂ることができますね。共食という観点からもおすすめしたいです。子どもの頃に、さまざまな食材の味、香りに出会い、食体験を増やし、食の楽しさに触れてほしいと思います。すりながしは、貴重な食体験の一つとして一役買ってくれることでしょう。

また、すりながしはとろみがあり、喉ごしがなめらかなので、介護食にも利用することができます。介護食は咀嚼《そしゃく》や嚥下《えんげ》機能のレベルに応じて、食形態を変えていきますが、必ずしも機能レベルだけで、その人にとって最適なものと判断できないところがあります。ご本人の好み、彩りも食欲に関わる大切な要素です。本書には、色彩豊かなレシピ、さまざまな食材を使用したレシピが多数掲載されています。ぜひ、幅広い世代において親しまれることを願っています。

（小沼梨沙）

# あとがきにかえて

春夏秋冬の野菜に始まり、朝昼晩、四季の魚介や果物、おもてなしなどを切り口にすりながしを紹介してきました。手軽に作れて、野菜や海藻類などをたくさん摂取できるスープとして、毎日の食卓に取り入れていただければ幸いです。

野菜も魚介もとれたてが一番おいしい。食材をペースト状にして冷凍保存する、すりながしの調理法なら、とれたてのおいしさを閉じ込めておくことができます。また、野菜を丸ごとミキサーやハンドブレンダーにかけて作るので、ふぞろいな形の野菜でも無駄なく使うことができるでしょう。こうした利点から、すりながしが地産地消を促し、全国の農家の方々にとっても役立つ可能性があるのではないかと感じています。

地元でとれる食材と、各地域に根付いているだしで、ぜひその土地ならではのすりながしを作っていただきたいと思います。そんな希望を込めて、地産地消日本全国すりながしマップを描いてみました。架空の図ではありますが、全国各地の野菜や魚介を活用してすりながしを作るヒントとなれば幸いです。

日本には豊かな食材と、世界に誇るだし文化があります。すりながしが、それらを再発見し、活用する日常の汁ものとして定着したら、うれしく思います。

# 地産地消日本全国
## 妄想 すりながしマップ

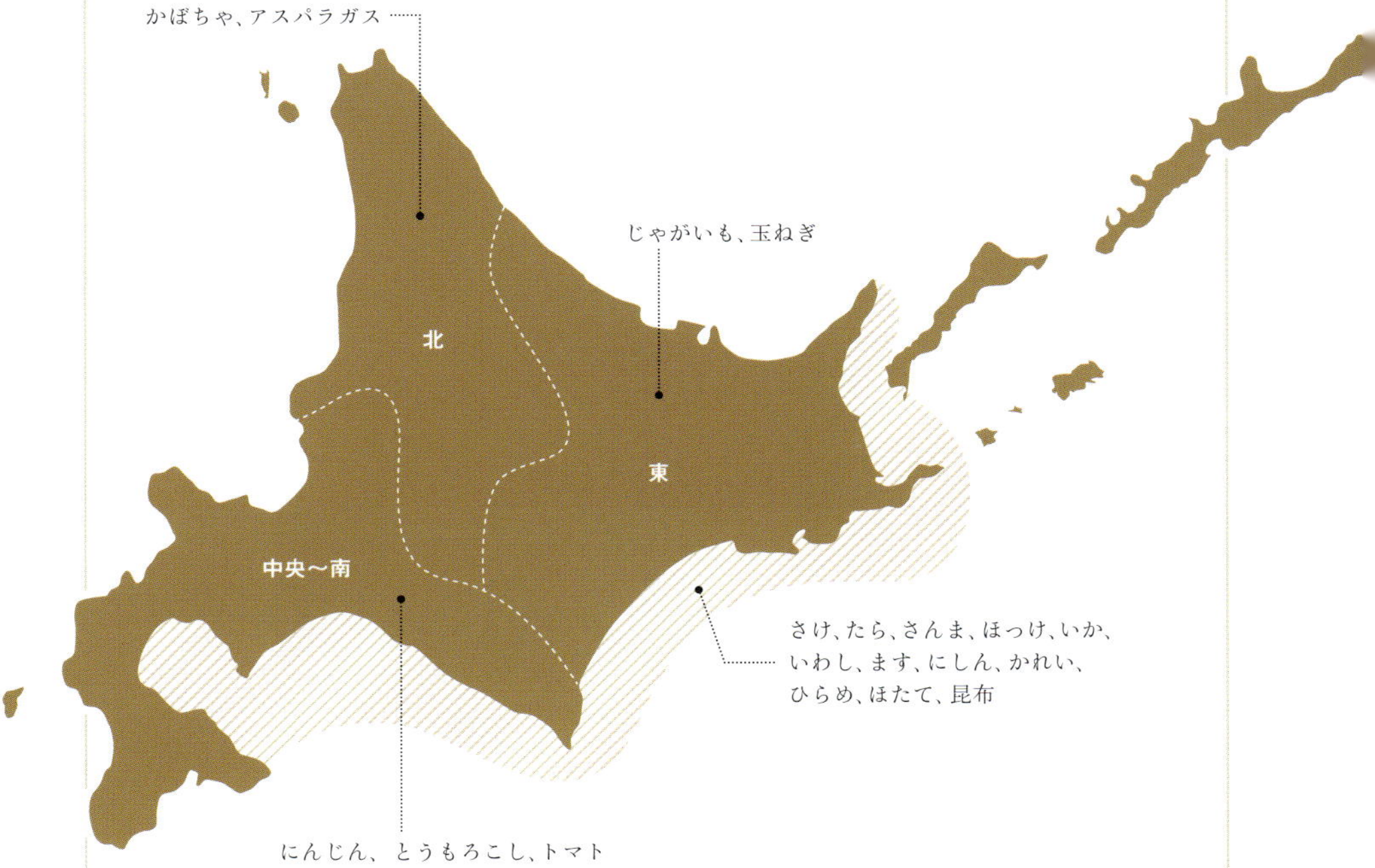


### 西は昆布、東はかつおのだし文化

江戸時代、北海道でとれた昆布は、日本海を通り、下関を経由して大坂（現在の大阪）まで運ばれました。昆布は大坂で取引され、西日本全体に広がっていきます。一方、かつお節は、かつおの産地である薩摩や土佐から太平洋を通って江戸に運ばれました。こうした経緯から、西は昆布だし、東はかつおだしが普及したといわれます。

**[だしの地域性]**

■ 北海道…昆布、かつお節

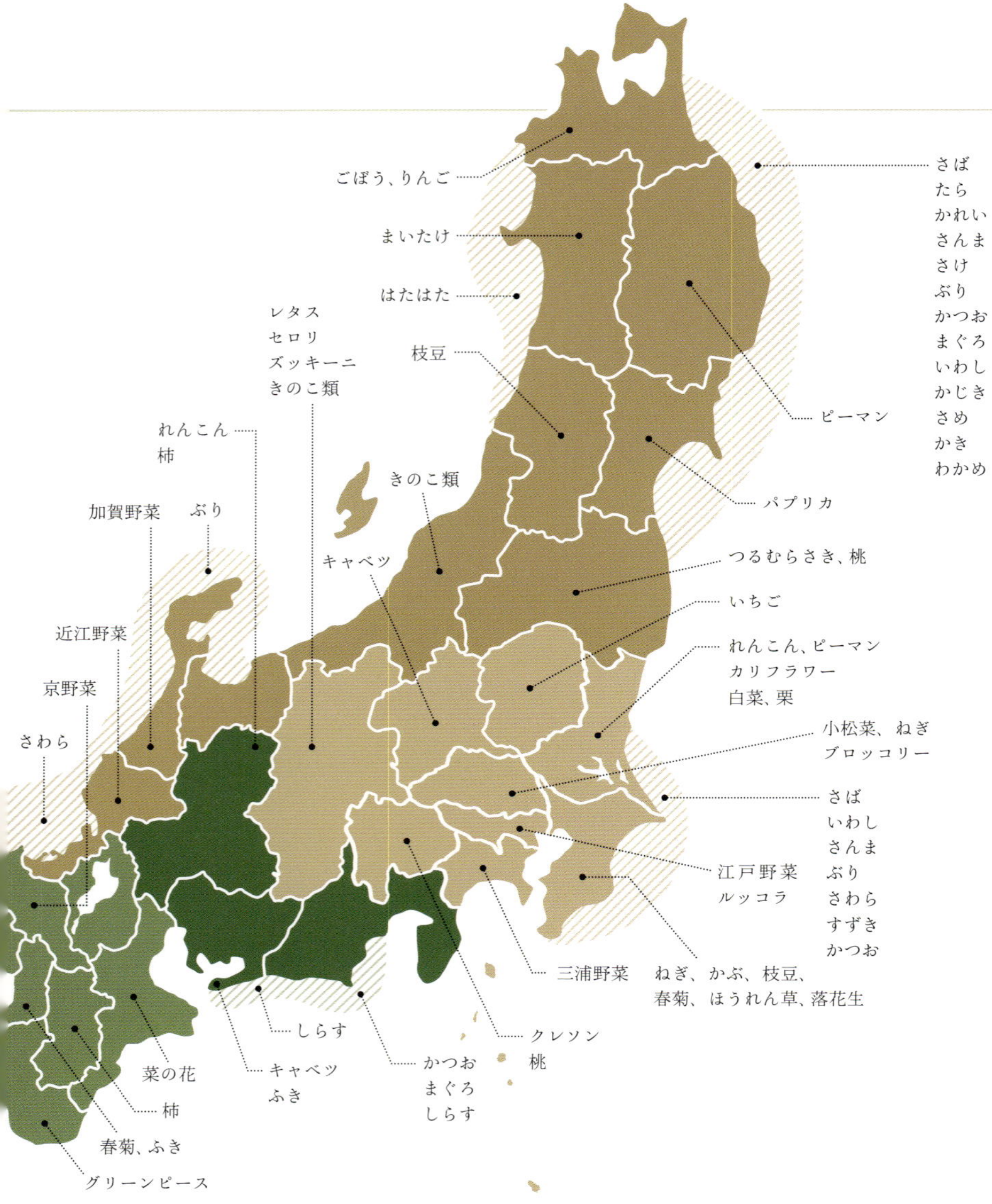


**[だしの地域性]**

- 北海道…昆布、かつお節
- 東北・北陸…煮干し、さば節
- 関東・甲信越…さば節、かつお節
- 愛知近辺…昆布、あじ節、さば節
- 近畿…昆布、さば節、煮干し
- 山陽～四国…昆布、煮干し
- 山陰～九州北部…昆布、焼きあご、あご煮干し
- 九州南部…昆布、煮干し
- 沖縄…かつお節

参考：味の素 KK 業務用商品サイト「だしの地域性」

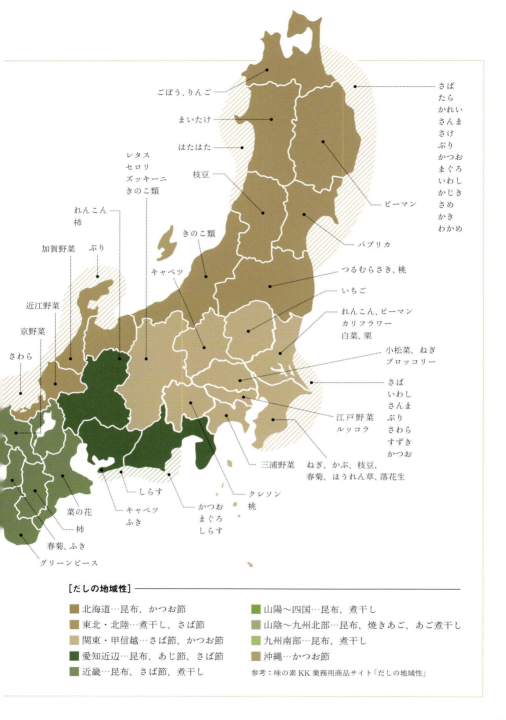

冬瓜
もずく
もずく
玉ねぎ
黒大豆
はたはた
しらす
長いも
マッシュルーム
わけぎ、くわい
ぶり、かれい
たい、あんこう
玉ねぎ
アスパラガス
たけのこ
いちご
かき
アボカド
わかめ
のり
カリフラワー
かつお
まぐろ
なす
たい、あじ
いわし
トマト
なす
さつまいも、オクラ
そらまめ
きゅうり
里いも
かつお
まぐろ

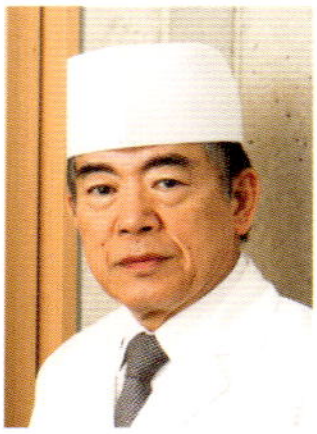

## 長島 博

1946年、横浜市生まれ。1990年に築地本願寺「日本料理 紫水」取締役料理長、2009年に専務取締役総料理長に就任。2015年より東京エアポートレストラン株式会社取締役総料理長に就任。2013年「黄綬褒章」授与。2016年クールジャパン・アンバサダーに就任。書著に『実践むきもの教本』『精進料理 野菜と乾物を生かす』（全て柴田書店）などがある。

**参考文献**


『野菜まるごと大図鑑』（主婦の友社）
『内田悟のやさい塾』（メディアファクトリー）
『からだにおいしい野菜の便利帳』（高橋書店）
『だしの教科書』（宝島社）


**協力**


株式会社アントレックス
株式会社 久原本家
株式会社にんべん
山長商店株式会社


**Staff**


| | |
|---|---|
| 調理補助 | 岡田 隼 |
| 撮影 | 公文美和 |
| スタイリング | すずき尋己 |
| 装丁・アートディレクション | 原てるみ（mill design studio） |
| デザイン・イラスト | 野呂 翠／大野郁美（mill design studio） |
| 企画・編集 | 矢口晴美 |


旬《しゅん》野菜《やさい》とだしで作《つく》る　からだにやさしい日本《にほん》のスープ

# すりながしのレシピ


2018年10月20日　発　行　　NDC 596

著　者　長島《ながしま》 博《ひろし》
発行者　小川雄一
発行所　株式会社 誠文堂新光社
〒113-0033 東京都文京区本郷 3-3-11
（編集）電話 03-5805-7285
（販売）電話 03-5800-5780
http://www.seibundo-shinkosha.net/
印刷所　株式会社 大熊整美堂
製本所　和光堂 株式会社





ISBN978-4-416-61882-0